Queridos,

Mientras persiguen la verdad, oro para que descubran el amor.
En un mundo endurecido, deben tener el valor de ser
tiernos como una flor y resistentes como un diamante.
Manténganse fieles. Manténganse auténticos. Manténganse fuertes.
En palabra y en obra iluminen el camino a la roca de refugio.
Estén confiados. No pueden fracasar
porque fueron tallados en la piedra invencible.

"No hay fundamento más sólido que la Roca sobre la que somos llamados a construir nuestra vida, nuestro matrimonio, y nuestros sueños. El nuevo libro de Lisa, *Inamovible*, te cambiará para descubrir más sobre quién es Dios, y a cambio, más sobre quién eres tú."

> Steven Furtick, pastor, Elevation Church;
> Autor de éxitos de ventas del *New York Times*

"Hay mucha incertidumbre en nuestro mundo hoy día. Es difícil saber qué o a quién creer. Por eso el nuevo libro de Lisa Bevere, *Inamovible*, es poderosamente relevante. Lisa escribe con confianza, aplomo y gracia mientras te dirige en un viaje espiritual hacia la verdad inconmovible. Sus palabras son atemporales y oportunas, invitándonos a regresar a un lugar de santidad, estabilidad y verdad cimentado en Cristo."

> Craig y Amy Groeschel, pastores de Life.Church;
> Autores de *From This Day Forward*

"Importante. Con peso. Convincente. Lisa Bevere es inflexible en su convicción de defender la Verdad. Su llamada de atención nos recuerda que la Verdad tiene un Nombre, y es un Nombre que podemos conocer. Si estás anhelando un lugar inconmovible donde anclar tu vida (y todos lo estamos), *Inamovible* te ayudará a dirigirte a la única Roca inmutable: Jesús. Mantén este libro a tu alcance, y más aún, mantén abiertas en tus manos sus páginas llenas de convicción."

> Louie y Shelley Giglio, fundadores de Passion Conferences

"¡Caramba! Mi querida amiga Lisa hizo un jonrón: 'Cuando la verdad se vuelve fluida, perdemos el contacto con respuestas mayores que nosotros. La verdad real es una Roca. Adamante. Indivisible. Inamovible. Invencible'. En una generación y cultura donde la verdad se mueve con las modas, las verdades bíblicas que Lisa comparte en este libro son muy necesarias".

> Christine Caine, autora de éxitos de ventas y fundadora
> de La Campaña A21 y Propel Women

"Como un bonito tapiz hecho de los tejidos más elegantes, *Inamovible* combina la innegable pasión, vulnerabilidad y don divino de Lisa Bevere, como viento para liberar a cada lector. Con amor y entendimiento, Bevere nos dirige en un viaje que transformará nuestra mente, sanará nuestro corazón y llenará nuestro espíritu de la revelación del plan perfecto de Dios para nuestra vida."

Sarah Jakes Roberts, autora de *Don't Settle for Safe*

"Este libro es profundo en su sabiduría, y a la vez profundamente personal. Lisa es una escritora magnífica y una amiga de confianza que nos guiará hacia una entendimiento sólido como una roca, de nuestra verdadera identidad en Cristo."

Sheila Walsh, autora de *In the Middle of the Mess*

"Al leer las primeras páginas de esta nueva obra atrevida, hay dos frases que se identifican con mi experiencia de Cristo y de su reino. 'Privados de nuestro asombro, nos vemos vestidos de confusión y comparación' y 'Cuando la verdad se vuelve fluida, perdemos el contacto con respuestas mayores que nosotros'. Estas dos realidades son tan profundas como la condición humana. Estoy emocionada por lo que este libro removerá, afirmará y encenderá. En un mundo que gime por realidad genuina, deseo que encuentres sabiduría para el viaje, confianza de convicción, gracia para ser el hijo o hija que verdaderamente eres, y valentía para convertirte en luz en las tinieblas para otros."

Bobbie Houston, copastora principal de Hillsong Church

"Muchos predicadores y autores hablan sobre vivir una vida 'Inamovible' para Jesús, pero Lisa Bevere lo define verdaderamente. Este libro es inspirado por el Espíritu Santo, y la unción que hay sobre su vida mediante este libro es evidente."

Heather Lindsey, autora/oradora

"Nunca olvidaré el momento en que Lisa compartió conmigo sus planes de escribir su nuevo libro, *Inamovible*. Sentada en mi automóvil, con lágrimas que rodaban por mi rostro, me golpeó este tema tan emotivo y relevante. En un mundo que ve la verdad como algo relativo, Lisa aborda temas difíciles de manera magistral, responde a preguntas reveladoras, y edifica un fundamento bíblico en el que nos podemos apoyar durante años venideros. ¡Lisa lo ha vuelto a hacer! Escribe los libros que a todos nos encanta leer, pero al mismo tiempo tenemos necesidad de leer."

Havilah Cunnington, cofundadora de Truth to Table

"¡Estamos muy emocionados por este nuevo libro de Lisa! Ella es una amiga muy querida para nosotros, y lleva una palabra muy oportuna para este tiempo. Ella y John han sido unos amigos y líderes increíbles para nosotros, y nos encanta todo lo que Dios está haciendo en ellos y a través de ellos".

Brian y Jenn Johnson, fundadores de Bethel Music

INAMOVIBLE

CÓMO ENCONTRAR LA
VERDAD
EN UN UNIVERSO DE
OPINIONES

LISA BEVERE

WHITAKER
HOUSE
Español

Cursivas y negritas en el texto y las citas bíblicas son énfasis de la autora.

Traducción al español por:
Belmonte Traductores
Manuel de Falla, 2
28300 Aranjuez
Madrid, ESPAÑA
www.belmontetraductores.com

Editado por: Ofelia Pérez

Inamovible
Cómo encontrar la verdad en un universo de opiniones
Originalmente publicado en inglés bajo el título:
Adamant: finding truth in a universe of opinions
por Revell, una división de Baker Publishing Group, Grand Rapids, MI.
www.revellbooks.com

ISBN: 978-1-64123-057-5
eBook ISBN: 978-1-64123-058-2
Impreso en los Estados Unidos de América
© 2018 por Lisa Bevere

Whitaker House
1030 Hunt Valley Circle
New Kensington, PA 15068
www.whitakerhouse.com

1 2 3 4 5 6 7 8 9 10 11 12 ᵾᴊ 25 24 23 22 21 20 19 18

CONTENIDO

RECONOCIMIENTOS

Rabino Brian Bileci: gracias por su sabiduría rabínica y profética.

Scott Lindsey de Faithlife: siempre me ayudas a ser inteligente.

Andrea Doering: trabajar contigo es un sueño.

Equipo de Messenger International:
No podría hacer nada de esto sin ustedes.

EL ADAMANTE

*Mirad a la piedra de donde fuisteis cortados, y al hueco de
la cantera de donde fuisteis arrancados.*

Isaías 51:1

Durante más de un año he estado meditando en este versículo, y me he visto cautivada por el concepto de esta roca, esta piedra, este... *adamante.*

Sabemos que la palabra significa inamovible, inmune e inflexible en opinión o posición. Y como tal, la palabra *adamante* se ha ganado la reputación de significar algo más que su justa medida de tozudez. Pero los adjetivos y los adverbios que comúnmente asociamos al término *adamante* no son el significado original de la palabra. Adamante comenzó como un sustantivo, y en muchas maneras como un sueño.

El concepto de adamante tiene una historia bastante antigua y mítica. Adamante se conoció primero como una piedra. Corrección: como una piedra desconocida. Representaba un mineral elusivo cuya existencia era hipotética en la antigua Grecia. Fue allí donde matemáticos, filósofos y místicos imaginaron por primera vez la existencia de una roca como ninguna otra, una piedra tan apretada que era a la vez impenetrable e irrompible. Sin grietas ni fragmentos, sería dura sin medida, y a la vez… irresistible.

Esta piedra tendría la habilidad singular de atraer y repeler objetos. Atraía, pero no era atraída, era magnética y a la vez inamovible. La piedra tenía una relación única con la luz. Era capaz de atraer los rayos, enfocarlos y redirigir el esplendor de los mismos. El fuego no podía penetrar su corteza, y cuando se retiraba del fuego, la roca estaba fría al toque.

Estos eran solo unos cuantos de los rasgos teorizados sobre este mineral firme. La parte difícil era el asunto de descubrirla. ¿Se encontraría en el corazón oscuro de la tierra? ¿Nacerían del fuego estas piedras, y saldrían del vientre de un volcán? ¿O estas piedras asombrosas estarían escondidas en las profundidades del mar? ¿Acaso los dioses las entregaban como una recompensa por algún mérito?

Los griegos nombraron a esta piedra oscura como *adamas*, cuya mejor traducción es "invencible". Y aunque aún no existía prueba alguna de que existieran estas adamas, ellos soñaban con formas en que se pudiera dar uso a esta piedra invencible.

Se forjarían armas con este mineral. Adamas daría a luz espadas, hachas y cuchillos que no se romperían en la batalla, y escudos que no cederían. La punta de flecha más afilada hecha de adamas penetraría la diana más formidable con facilidad. ¿Y qué hay de la armadura? Los guerreros vestidos con esta armadura impenetrable de adamas serían considerados invencibles. La oscuridad no los detendría, porque los rayos captados por las adamas cegarían a sus enemigos cuando la piedra iluminara su camino hacia la victoria.

La creencia en esta roca era tan irresistible, que la teoría de su existencia se extendió hacia el norte a través de Europa hasta llegar a las costas de Gran Bretaña. Fue allí donde la palabra griega *adamas* se convirtió en la palabra que conocemos, *adamante*; y allí la palabra esperó a ser revelada.

Con el descubrimiento de los diamantes alrededor del año 400 a.C. en India, se creyó que el hombre finalmente había encontrado la tan buscada adamante. La dureza de este diamante no se comparaba con la de ninguna otra piedra. Toda piedra nacida de un fuego inferior se fragmentaba bajo la fuerza del diamante adamante. Estas piedras preciosas nacieron en el vientre de un fuego y presión tan intensos que todos los componentes menores fueron consumidos, y lo que quedó fue un solo elemento: carbono, encerrado en la forma cristalina de un diamante.

Durante siglos, las palabras *adamante* y *diamante* se usaban intercambiablemente para describir todo lo que era invencible, inconmovible e indestructible. Tanto el príncipe de los predicadores, Charles Spurgeon, como la leyenda puritana John Bunyan se hicieron eco de las palabras del profeta Zacarías cuando se quejaron de la condición de los corazones de adamante insensibles a la Palabra de Dios y más duros que un pedernal.

Traducciones más contemporáneas de este pasaje (especialmente en inglés) reemplazaron la palabra adamante por la palabra *diamante*.

> *Y pusieron su corazón como **diamante**, para no oír la ley ni las palabras que Jehová de los ejércitos enviaba por su Espíritu, por medio de los profetas primeros; vino, por tanto, gran enojo de parte de Jehová de los ejércitos (Zacarías 7:12).*

No fue hasta finales del siglo XVIII cuando el científico francés Antoine Lavoisier descubrió que, bajo suficiente calor y oxígeno, los diamantes realmente se evaporaban. Con esta revelación, las palabras *diamante* y *adamante* dejaron de asociarse, y la búsqueda del indestructible, inconmovible e invencible adamante se desvaneció. La palabra permaneció como un descriptor de lo que nunca fue una realidad. Pero los hombres soñaban. El admirado Arkenstone que se encuentra en los escritos de J. R. R. Tolkien parece un guiño al mítico origen del adamante. Durante más de dos milenios, las personas buscaron y no consiguieron descubrir el adamante.

Y sin embargo yo me pregunto...

¿Cuál fue el origen de esta búsqueda? ¿Fue el concepto de este adamante una semilla de inspiración que Dios plantó? ¿Por qué soñar con lo que nadie había visto, y por qué hacer referencia a lo desconocido? ¿O acaso esta piedra está entre nosotros y no la hemos reconocido? Quizá el adamante nunca tuvo el propósito de ser un instrumento de guerra y destrucción, sino de refugio y provisión. ¿No debería la piedra que buscamos dar la bienvenida a todo? ¿Podría ser que el propósito del adamante fuera el de extraer lo que está oculto dentro de nosotros? En un mundo donde la verdad se escurre y se desliza según la última moda popular y la cultura del momento, ¿no sería bonito tener algo que fuera constante?

¿Inamovible?

¿Invencible?

¿Inmutable?

> ¿Podría ser que el propósito del adamante fuera el de extraer lo que está oculto dentro de nosotros?

Quizá estas reflexiones no son nada más que preguntas necias sobre una piedra inexistente. A fin de cuentas, vivimos en un tiempo en el que nadie se pone a buscar piedras de poder. Somos realistas que han aprendido que las estrellas son tan solo vapor luminoso. Hemos caminado sobre la luna estéril y hemos sondeado las cavernas profundas y oscuras del suelo oceánico. Hemos desmitificado gran parte de lo que antes nos inspiraba asombro.

Y sin embargo, privados de nuestro asombro, nos encontramos vestidos de confusión y comparación.

Las personas altamente educadas a menudo carecen tanto de propósito como de oportunidades.

Nos hemos atado a sistemas monetarios de crédito diseñados para atrapar en deudas a los compradores.

El sistema político creado por nuestros antepasados para unir a las personas ahora nos divide.

Nuestras redes son vastas, pero nuestras conexiones son huecas, y vacías de verdadera intimidad.

Hemos escogido convertirnos en lo que hacemos, y a la vez seguimos estando insatisfechos.

Usamos la tecnología para arrojar piedras a personas que nunca veremos.

Cuando la verdad se vuelve fluida, perdemos el contacto con respuestas mayores que nosotros.

La verdad real es una roca. Adamante. Indivisible. Inamovible. Invencible.

Jesús es la verdad. Y yo propongo que Jesús es el Adamante.

Jesús el Adamante

Ninguna piedra nacida de la tierra puede permanecer ante la Piedra viva. En Cristo, se materializó todo lo que los griegos y los místicos buscaban. Él es nuestra Roca, nuestra Piedra Angular, y nuestro Adamante tan esperado. Solo Cristo es la Piedra inmutable con el poder de cambiarlo todo. Y la Roca de los siglos lleva mucho tiempo entre nosotros. Mientras los israelitas vagaban por el desierto en lo que parecía ser una búsqueda sin dirección, Moisés declaró la presencia de esta Roca:

> *Él es la Roca, cuya obra es perfecta,*
> *Porque todos sus caminos son rectitud;*
> *Dios de verdad, y sin ninguna iniquidad en él;*
> *Es justo y recto* (Deuteronomio 32:4).

Y tras una estancia en el desierto, David clamó a Dios en el día de su liberación:

> *Te amo, oh Jehová, fortaleza mía.*
> *Jehová, roca mía y castillo mío, y mi libertador;*
> *Dios mío, fortaleza mía, en él confiaré;*
> *Mi escudo, y la fuerza de mi salvación, mi alto refugio*
> (Salmos 18:1-2).

La palabra hebrea del Antiguo Testamento usada aquí para *roca* significa "el refugio inaccesible". La Roca es nuestra fortaleza, nuestro firme punto de apoyo en un mundo ensuciado con grava. Jesús es nuestra fortaleza cuando nuestros enemigos quieren dominarnos. La Roca es nuestro rescate, salvaguarda y armadura defensiva. Cristo nos unge con el aceite de su Espíritu y declara su salvación a nuestros detractores.

De muchas maneras, todos somos refugiados en esta tierra, buscando ese lugar alto, seguro y sagrado. Anhelamos la seguridad de un ámbito gobernado por una justicia impoluta. Como los israelitas, hemos dejado atrás a nuestros capataces egipcios, pero aún tenemos que dominar las voces esclavizadoras que su crueldad grabó sobre nosotros. Aún así, la Roca nos acompañó en nuestro vagar por el desierto de propósito y preparación, pero no lo sabíamos. Es tiempo de que reconozcamos nuestro quebranto y caigamos de nuevo sobre la Roca para que podamos ser enderezados.

> *Y el que cayere sobre esta piedra será quebrantado; y sobre quien ella cayere, le desmenuzará* (Mateo 21:44).

> **En Cristo, los aislados encuentran su hogar, y los muchos se convierten en uno.**

Este versículo se refiere a Jesús, que es a la vez la Piedra y el Hijo. Ambos fueron rechazados por el hombre aunque autorizados por Dios. El Hijo era la Piedra que vino para aplastar los reinos opresivos del hombre y actuar como la Piedra Angular que establece el reino de Dios. N. T. Wright destaca esta profunda conexión:

> Y así como en inglés las letras de la palabra "Hijo" (Son) están incluidas en la palabra "Piedra" (Stone), con otras dos más añadidas, así en hebreo, casualmente, las letras de la palabra *ben* (hijo) son las mismas que las de la palabra *eben* (piedra), con una más añadida.[1]

18

Estoy muy agradecida de que en Cristo fuéramos añadidos tanto a la Piedra como al Hijo. En Cristo, los aislados encuentran su hogar, y los muchos se convierten en uno. Cristo es la Piedra formada de la montaña de Dios, pero no tocada por manos humanas. Él es la Roca ante la cual ningún reino terrenal puede permanecer. Daniel profetizó esta confrontación con Cristo nuestro Adamante cuando describió tanto el sueño escondido como la interpretación del sueño al rey Nabucodonosor:

*Tú, oh rey, veías, y he aquí una gran imagen. Esta imagen, que era muy grande, y cuya gloria era muy sublime, estaba en pie delante de ti, y su aspecto era terrible. La cabeza de esta imagen era de oro fino; su pecho y sus brazos, de plata; su vientre y sus muslos, de bronce; sus piernas, de hierro; sus pies, en parte de hierro y en parte de barro cocido. Estabas mirando, hasta que una piedra fue cortada, no con mano, e hirió a la imagen en sus pies de hierro y de barro cocido, y los desmenuzó. Entonces fueron desmenuzados también el hierro, el barro cocido, el bronce, la plata y el oro, y fueron como tamo de las eras del verano, y se los llevó el viento sin que de ellos quedara rastro alguno. **Mas la piedra que hirió a la imagen fue hecha un gran monte que llenó toda la tierra** (Daniel 2:31-35).*

En Cristo, una semilla se convirtió en una piedra, y la piedra creció hasta convertirse en una montaña. La montaña que llenó toda la tierra es Sion, y la semilla de piedra de esta montaña es Cristo. Si intentamos neciamente construir nuestras vidas con los materiales que no pueden resistir el impacto de la Piedra, nuestra búsqueda será desmenuzada y después esparcida, soplada por los vientos del tiempo. Jesús sacude todo lo que puede ser sacudido para que solo permanezca lo verdadero e inconmovible. Acepta el temblor, amigo. Deja que tu corazón tiemble, porque Él te ama demasiado como para permitir que quedes atrapado en medias verdades y en fundamentos defectuosos de

> Deja que tu corazón tiemble, porque Él te ama demasiado como para permitir que quedes atrapado en medias verdades.

un reino otra vez. Tú no estabas supuesto a construir con metales y arena terrestres. Fuiste creado para ser una piedra viva.

Piedras vivas

Acercándoos a él, piedra viva, desechada ciertamente por los hombres, mas para Dios escogida y preciosa, vosotros también, como piedras vivas, sed edificados como casa espiritual y sacerdocio santo, para ofrecer sacrificios espirituales aceptables a Dios por medio de Jesucristo (1 Pedro 2:4-5).

En la traducción que hace The Message, este pasaje comienza diciendo *"Bienvenidos a la Piedra viviente, la fuente de vida"* (traducción libre). En Cristo, nuestros corazones cobran vida, y nosotros también nos convertimos en piedras vivas, puestas en el cuerpo para cumplir nuestros propósitos. Estamos aquí para ofrecer nuestras vidas en el servicio de construir una casa o santuario espiritual. No tenemos el rol de constructor. Somos la materia prima que Cristo usa para construir su iglesia.

Me encanta la palabra *santuario*. Es un territorio o refugio, un puerto de seguridad, protección e inmunidad. ¡Qué cuadro de nuestras vidas como adamantes de seguridad! Este no es un edificio muerto. Es un refugio, rebosante de vida, donde ofrecemos a nuestro Padre nuestras vidas, así como lo hacían los sacerdotes del templo. Pedro continúa con esta imagen en 1 Pedro 2:6-8:

Por lo cual también contiene la Escritura: He aquí, pongo en Sion la principal piedra del ángulo, escogida, preciosa; Y el que creyere en él, no será avergonzado. Para vosotros, pues, los que creéis, él es precioso; pero para los que no creen, la piedra que los edificadores desecharon, ha venido a ser la cabeza del ángulo; y: piedra de tropiezo, y roca que hace caer, m porque tropiezan en la palabra, siendo desobedientes; a lo cual fueron también destinados.

Sé que a veces se dicen y se hacen cosas que nos hacen querer callarnos con respecto al hecho de que somos tan solo cristianos asistentes a la iglesia, pero no deberíamos avergonzarnos ni por un minuto de nuestra Piedra Angular. Jesús es perfecto. Nosotros somos diamantes defectuosos que a menudo reducimos su fulgor con nuestras inclusiones, pero nuestro Maestro Constructor nos enteteje a todos juntos para que lo mejor de cada uno sea magnificado y los defectos sean redimidos.

Las personas nos fallan.

Las personas no nos ven.

Nosotros fallamos a las personas y no nos vemos unos a otros como Jesús nos ve.

Pero durante todos nuestros días, debemos honrar a Jesús, porque Él nunca decepciona. Fue probado en todo sin hallar en Él faltas o errores. Jesús está comprometido a amar a su novia imperfecta, la Iglesia, para darle brillo y preparación. ¿No deberíamos nosotros hacer lo mismo?

En el libro de Isaías leemos:

> *Por tanto, Jehová el Señor dice así: He aquí que yo he puesto en Sion por fundamento una piedra, piedra probada, angular, preciosa, de cimiento estable; el que creyere, no se apresure (28:16).*

La palabra hebrea para *apresurarse* significa más que darse prisa; también significa "estar agitado y molesto". Esa es una promesa para nosotros, para ti y para mí: nosotros los que creemos, no estaremos agitados ni molestos. Seremos guardados en completa paz a medida que nuestra mente se mantiene enfocada en nuestra inamovible Piedra Angular (ver Isaías 26:3).

> Jesús está comprometido a amar a su novia imperfecta, la Iglesia, para darle brillo y preparación.

Con Jesús, el enfoque cambió, y el desechado (Jesús) se convirtió en un hogar para los marginados.

> *Mas vosotros sois linaje escogido, real sacerdocio, nación santa, pueblo adquirido por Dios, para que anunciéis las virtudes de aquel que os llamó de las tinieblas a su luz admirable; vosotros que en otro tiempo no erais pueblo, pero que ahora sois pueblo de Dios; que en otro tiempo no habíais alcanzado misericordia, pero ahora habéis alcanzado misericordia* (1 Pedro 2:9-10).

Antes no éramos suyos, pero ahora lo somos. Antes éramos rechazados, pero ahora somos aceptados. Antes estábamos divididos; ahora en Cristo somos uno.

Pero tú… pero yo…pero nosotros los muchos forasteros… fuimos escogidos por Dios y llamados a la tarea sacerdotal de un pueblo santo. Damos testimonio de lo que Él ha hecho en nuestras vidas. Lo nuevo de Dios se intercambia por lo viejo en nosotros, y nuestra muerte se intercambia por su vida. Aceptamos la Piedra y clamamos desde el montón de nuestros pedazos rotos, invitando a nuestra Piedra Angular a que nos sane. En Cristo, hemos pasado de ser rechazados a ser aceptados. En Él, quienes no éramos *nada* lo recibimos *todo*.

> En Él, quienes no éramos *nada* lo recibimos *todo*.

Nuestra Piedra Angular no es un remanente enterrado del pasado. Jesús no es una piedra muerta sacada de las profundidades de la tierra líquida. Cristo es la Piedra viva y, como tal, es el arquitecto de nuestro nuevo comienzo. Es una Piedra inmutable con el poder de cambiarnos.

Piedras y semillas

En la arquitectura antigua, la piedra angular se consideraba la *semilla* de la que todo el edificio germinaba. La piedra angular comenzaba el patrón que todas las demás piedras seguirían. Era tan importante que la piedra angular se pusiera de forma muy precisa en su lugar, que los constructores usaban las estrellas para alinear la piedra angular con los puntos de una brújula. Qué hermoso que las estrellas declarasen la llegada de nuestra Piedra Angular.

Nuestra arquitectura moderna ya no usa la piedra angular como la semilla de un edificio. Nuestras piedras angulares son meramente placas decorativas añadidas después de que el edificio está terminado para conmemorar la fecha en la que se estableció. Estas piedras angulares no tienen ningún propósito estructural; son simplemente una añadidura conmemorativa. Por el contrario, Jesús no es un añadido decorativo en nuestra vida. Él es nuestro patrón y la semilla de la cual provendrá toda nuestra vida.

Él no es solo nuestro refugio y la semilla de nuestro cimiento, sino que también es nuestro refrigerio.

Con la llegada de Jesucristo, Pablo explica la Roca de Éxodo a la iglesia en Corinto: *"porque bebían de la roca espiritual que los seguía, y la roca era Cristo"* (1 Corintios 10:4). Cuando los israelitas seguían a Moisés por el desierto, eran refrescados con agua de una roca, una roca que les seguía. Cristo era esa Roca. Incluso entonces, el tierno amor y provisión de Dios estaban presentes, y Jesús era su retaguardia.

Qué curioso.

Esta piedra no tan solo proveyó agua para millones, sino que también se movía con ellos. Dios aparecía como una columna de nube por el día, y una columna de fuego por la noche, y la roca que los seguía tanto por el día como por la noche. Este es un bonito cuadro del cuidado siempre presente de Dios hacia los hijos de Israel mientras viajaban por el desierto. Algunas tradiciones rabínicas dicen que esta era una roca real que se parecía a un tamiz, el cual rodaba con ellos y descansaba en la tienda de reunión cuando se asentaban.[2]

Ya sea que la roca del desierto les siguiera de forma literal o figurada, Pablo está diciendo que esta roca representaba al Cristo preexistente, su retaguardia siempre presente. La roca presagiaba a Emanuel, nuestro

Señor siempre presente. Incluso ahora Cristo es la Roca que viaja con nosotros por el desierto de la vida, refrescándonos con agua viva.

> *Abrió la peña, y fluyeron aguas; corrieron por los sequedales como un río* (Salmos 105:41).

La vida puede estar llena de épocas de desierto, y los desiertos tienen su forma de revelar nuestra fuente de vida. Algunas estaciones áridas duran semanas, otras, meses, y luego están las que prolongan sus manos resecas durante años. Pero sin importar cuán desolados puedan estar tus entornos actuales, o cuánto hayan durado, hay un río oculto dentro de tu desierto. Este río no está a tu alrededor, sino dentro de ti. Si estás sediento, si tu vida está desolada, clama a la Roca.

En la cruz, esta Roca, Jesús, se abrió de nuevo, y esta vez sangre y agua brotaron de su costado… agua para lavar y sangre para redimir.

---◇---

Él no puede evitar ser lo que es… bueno y misericordioso.

La bondad de nuestra Roca es inmune a lo desagradable en nosotros. Cuando nuestro Adamante se encuentra con nuestras fallas, se convierten en polvo ante su perfección. No es que Él no sea consciente de nuestras transgresiones. Él ve el dolor y la vergüenza que nuestras decisiones voluntarias han causado sobre nosotros mismos y sobre otros. Es tan solo que Él no puede evitar ser lo que es… bueno y misericordioso. Él es el Señor y Salvador de todos, y todos aquellos que arrojan sus vidas destrozadas sobre su inamovible misericordia son transformados.

Un nombre nuevo

> *Entonces le respondió Jesús: Bienaventurado eres, Simón, hijo de Jonás, porque no te lo reveló carne ni sangre, sino mi Padre que está en los cielos. Y yo también te digo, que tú eres Pedro, y sobre esta roca edificaré mi iglesia; y las puertas del Hades no prevalecerán contra ella* (Mateo 16:17-18).

"Tú eres Pedro."

Una nueva vida exige una naturaleza renovada. Una nueva naturaleza exige el regalo de un nuevo nombre.

Esta declaración debe haber reverberado dentro del alma de Simón. ¿Cómo se debió sentir al ser señalado y llamado piedra después de pasar toda su vida respondiendo a otro nombre?

Simón. No había nada malo en ese nombre, solo que no era lo bastante grande. Hablaba de quién había sido, en vez de en quién se estaba convirtiendo. Cuando hablamos y decimos algo distinto, comenzamos a ver de otra forma. Pedro ahora era el nuevo nombre que encajaba en su destino divino.

Simón significa "escuchar y oír". También puede significar "de naturaleza delgada y flexible". Cuando mezclamos estos dos nombres, encontramos un nombre que podría significar alguien que se inclina en la dirección de lo que oye y escucha. Bajo esa luz, todos somos Simón, esperando que nos den un nuevo nombre a la luz de nuestro destino, porque como él, nosotros también tendemos a movernos en la dirección de lo que oímos.

En esta conversación con Simón, el nombre cambia presagiando nuestra posición en Cristo, porque Él nos cambia a todos de ser un junco flexible a una muralla de adamante.

Simón tuvo que hacer la transición de ser un pescador a pescar hombres. El cambio de nombre de Simón cerró las páginas de un viejo libro, y así Dios pudo tomar pluma y papel para escribir un nombre nuevo.

Me pregunto si el nombre de Pedro le pareció extraño al principio. ¿O acaso era el nombre que había anhelado tener durante toda su vida? ¿Ocurrirá lo mismo con nosotros? ¿Sabías que en el cielo todos recibiremos una piedra con nuestro verdadero nombre en ella? Jesús prometió:

> *Al que venciere, daré a comer del maná escondido, y le daré una **piedrecita blanca, y en la piedrecita escrito un nombre nuevo, el cual ninguno conoce sino aquel que lo recibe*** (Apocalipsis 2:17).

Este nuevo nombre declara victorias. Está grabado con cómo vencimos nuestros temores y nos convertimos en las personas que Dios nos creó. Me parece fascinante que nuestro nuevo nombre esté escrito en piedra. Para mí, esto dice que quienes hemos sido está en cambio constante, pero quienes llegaremos a ser es eterno. ¿Por qué iba yo a escoger vivir en los confines de un nombre que encaja en mi *ahora* cuando mi Roca me está confeccionando uno que encajará conmigo para siempre? Yo estoy vivo para convertirme en la semejanza de mi nuevo nombre.

> Yo estoy vivo para convertirme en la semejanza de mi nuevo nombre.

Algo cambia cuando lo que Jesús dice de nosotros se convierte en parte de nosotros. En esos momentos, vislumbramos una fracción de lo que significa conocer como somos conocidos. Esta es una de las muchas razones por las que me encanta que sea Pedro la roca quien nos recibe y nos lleva a nuestra Piedra Angular.

Esta no es la primera vez que Jesús trabajó con piedra. Cuando pensamos en los carpinteros, pensamos en los que trabajan con madera, pero en los tiempos de Jesús los carpinteros también eran "artífices de piedra, hierro y bronce, así como de madera".[3] Nuestra Piedra Angular estaba familiarizado con las piedras.

En la tierra, se nos conoce por el nombre que nos dieron nuestros padres. En la eternidad, tendremos un nombre nuevo que solo nosotros conoceremos. Hasta ese tiempo en que lo desconocido se nos dé a conocer, tenemos el privilegio de vivir en la maravilla del nombre de Jesús.

En Cristo, las rocas se juntan para formar un monte santo.

En Cristo, las pequeñas semillas crecen y se convierten en grandes árboles.

En Cristo, los corazones de piedra se convierten en piedras vivas.

En Cristo, los muchos se convierten en uno.

Seguros en Él

Nuestra posición en Cristo no está basada en nuestra capacidad para aferrarnos. En el momento en que nos escondemos en Él, estamos seguros en su capacidad para sostenernos. En Cristo, nuestra Roca, nuestro Adamante, nuestra Piedra Angular, estamos seguros.

Recientemente volé a Chicago, y en el camino de una hora en taxi hasta mi hotel, mi conductor musulmán intentó convertirme al islam. Me aseguró que si yo oraba cada día y vivía según los preceptos del islam, tendría probabilidades de entrar en el paraíso. Fue un gran quizá. No había garantías, pero había una probabilidad. Él me ofreció amablemente un lugar en una roca, sin promesa alguna. Yo era dolorosamente consciente de que podía deslizarme y caer de esa roca. Escojo permanecer en Cristo; me caeré, pero nunca fuera de Él.

Nos caemos en Él; no fuera de Él.

Para poder habitar *en Él*, Dios pone una medida de su fe *en nosotros*. Tropezamos cuando ponemos nuestra fe en alguien. Nunca fallaremos cuando nuestra fe está en Dios. Deja que la fe de Dios entre en tu vida; invítala a entrar. Lo has intentado y has fallado al hacerlo en tus propias fuerzas. Has visto a otros fallar al intentar subir con sus propias fuerzas a la roca de fe con laderas de piedras desparramadas. Solo porque la fe no se vea no significa que no exista o que no vaya a suceder. La fe es el estímulo escondido de esperanza que salta en nuestro interior para ayudarnos a creer que puede haber más. La fe nos da el valor para pedir más, para atrevernos a soñar que, en Cristo, también nosotros podemos ser adamantes, inamovibles e invencibles.

Montañas

Estamos invitados a subir las montañas de nuestras vidas con la fuerza de Dios, siguiendo sus pisadas. Recientemente escribí esto en mi diario:

> Ellas me llaman, estas montañas altas, ven y sé mi deleite. Me seducen con misterios incomparables, conocidos solo por quienes

se atreven. Pero yo soy mayor y no tengo tanta fuerza. ¿Por qué tu llamada esperó tanto tiempo? Él respondió: "Sí, la subida es empinada, pero yo soy fuerte. Tu juventud se renueva mientras sigues el camino que he escogido para ti".

Yo vivo en Colorado, y tengo un panorama de las montañas todo el día. Así que para mí, el susurro de Dios de seguirle a las montañas tiene sentido. No sé cómo es la geografía del lugar donde tú vives, pero sé esto: tú también has sido invitado a subir. No la montaña rocosa del Sinaí, cuya base no se podría tocar. Tú has sido llamado y bienvenido a Sion, un monte vivo de maravilla.

> *Sino que os habéis acercado al monte de Sion, a la ciudad del Dios vivo, Jerusalén la celestial, a la compañía de muchos millares de ángeles, a la congregación de los primogénitos que están inscritos en los cielos, a Dios el Juez de todos, a los espíritus de los justos hechos perfectos, a Jesús el Mediador del nuevo pacto, y a la sangre rociada que habla mejor que la de Abel* (Hebreos 12:22-24).

Algo sucede cuando nos adentramos en la maravilla de su invitación.

John Muir, el respetado naturalista que defendió la necesidad de espacios salvajes, dijo una vez: "Ahora estamos en las montañas y ellas están en nosotros, encendiendo entusiasmo, haciendo que cada nervio tiemble, llenando cada uno de nuestros poros y células".[4] Estas palabras fueron escritas para describir la maravilla de las Montañas de Sierra Nevada, una cordillera terrenal cubierta de naturaleza y vida salvaje. ¿Cuánto más se podría decir esto de una montaña viva en la que podríamos entrar mientras ella entra en nosotros? Porque nosotros no solo estamos en Cristo… sino que Cristo es también la esperanza en nosotros. Nuestra esperanza viene del monte de Sion, mientras invitamos a que su reino entre en nosotros.

Que estas páginas sirvan como una bienvenida a todos los que alguna vez se hayan sentido rechazados, y como un refugio para todos aquellos que tiemblen de temor. A medida que viajas, que puedas entrar en la maravilla y solidaridad de la verdad y escapes de la trampa de la confusión y las opiniones terrenales. Nuestro Adamante no se ha movido; Él siempre ha estado con nosotros.

Amado Padre celestial,

Decido aceptar todo lo que significa ser una piedra viva y un sacerdocio santo. Sé mi refugio y mi fortaleza, mi refrigerio y mi esperanza. Graba el nombre que me has dado en mi corazón. Cristo, mi Piedra Angular y Adamante, la fuente de vida inamovible e invencible, yo caigo sobre ti. Haz tu obra en mi vida.

INAMOVIBLEMENTE
ÍNTIMO

No somos seres humanos que tienen una experiencia espiritual. Somos seres espirituales que tienen una experiencia humana.

Pierre Teilhard de Chardin

Yo no fui una niña fácil. Era terca y tozuda. También llegaba a ser melancólica, retraída, y me distraía con facilidad. Si me enviaban a mi cuarto a limpiarlo, en cuestión de minutos se me olvidaba por qué estaba allí. Cuando cerraba la puerta, ponía música y mi imaginación se apoderaba de mí. En vez de ordenar mi cuarto, recolocaba los muebles. Otras veces, me ponía una cofia y fingía ser Laura Ingalls Wilder (la niña de *La Casa de la Pradera*). En un cajón, había un bloque azul de plasticina rogándome que esculpiera un caballo, o estaban las muñecas que mi abuela me había comprado en tierras lejanas que querían algún arreglo. Y siempre había libros reclamando mi atención. En mi cuarto, perdía siempre la noción del tiempo. Una hora me parecía como quince minutos.

Cuando escuchaba a mi madre gritar mi nombre era cuando me acordaba de que me habían enviado a mi cuarto con un motivo, pero no podía recordar para qué. Así que cuando mi madre venía a revisar mi cuarto, no había evidencia de progreso. En cambio, la habitación estaba incluso peor que antes.

No es que yo quisiera desobedecer a propósito, pero de algún modo siempre lo hacía. Este patrón de conducta entendiblemente frustraba mucho a mi madre. Yo intentaba contrarrestar su enojo llevándola a mi mundo de fantasía, pero mi madre vivía en una verdadera pesadilla de la que no podía escapar. Estaba atrapada en un ciclo de caos que solo alguien casado con un adúltero y alcohólico entendería.

Como yo era la mayor y la única hija, desahogaba su ira conmigo. En muchos aspectos, me parecía y actuaba como mi padre. Ella decía muchas cosas que probablemente no quería decir, y hacía cosas que con gusto hubiera retirado, cosas perdonadas desde hace tanto tiempo que no merece la pena repetir. Pero las palabras que había entre nosotras y las cosas que se hacían me hicieron no querer tener nunca una hija. Digo esto solo para que entiendas lo hermoso que fue realmente el encuentro que tuve con Jesús.

Cuando quedé embarazada por cuarta vez, muchos supusieron que esta vez el bebé sería una niña. Quiero decir, ¿quién tiene cuatro hijos seguidos? … ¿Verdad? Hacía poco de mi embarazo, y yo estaba luchando con el temor a que el nacimiento de una hija fuera inminente.

Muchas veces mi madre rezongaba diciéndome: "¡Espero que tengas una hija que sea igual que tú!".

Y muchas veces yo respondía desafiantemente: "¡Yo también lo espero!".

Quizá en algún momento esas palabras habían sido ciertas, pero con el paso del tiempo se convirtieron en una mentira. No quería esa hija, ni siquiera un poquito. Yo ya estaba agobiada con un esposo que viajaba todo el tiempo y tres niños pequeños. ¿Cómo sería añadir una hija a nuestra loca mezcla? ¡Yo no sabía cómo criar a una niña!

En un tiempo de oración, me sinceré profundamente con Dios.

En tono de susurro, articulé cada uno de mis temores que se agolpaban en mi cabeza. Le dije que darme una hija sería un gran error. No quería herirla como mi madre me había herido a mí y su madre le había herido a ella. Tenía miedo de no congeniar con ella. En mi obstinada juventud, había dicho cosas que no sentía. No quería una hija que fuera como yo.

Tras un tiempo, mi torrente de palabras se secó y reposó sobre mí un sentimiento de quietud. Mis ojos estaban cerrados mientras respiraba hondo y lo dejaba salir.

En el ojo de mi mente, me vi al borde de una gran pradera abierta donde las flores y el césped esmeralda se mecían a la luz del dorado brillo del sol. Era ese tipo de campo que te invita a correr por él. A la distancia había una sola torre. Me sentí atraída a ir a ella. La torre tenía solo una entrada y tenía ventanas altas y estrechas colocadas en espiral hacia arriba. (Ahora sé que eran rendijas de flechas). Abrí la puerta. El interior era tenue comparado con la luz del sol, pero no estaba oscuro ni sentía aprensión. Las ventanas revelaban una escalera hacia arriba. Subí por las escaleras, deteniéndome en cada ventana. Hasta donde podía ver, no había ni personas ni casas. Cada apertura me daba una vista de otra parte de la pradera.

Cuando llegué al final de las escaleras, encontré una habitación redonda con ventanas debajo de los aleros. La pared del fondo tenía un gran cofre de madera. Quería mirar dentro. Esperaba que tuviera armas, provisiones o quizá incluso algún tesoro. Me arrodillé en el suelo y abrí la tapa sin cerradura. Lo que encontré me sorprendió. El cofre estaba lleno de fotos de mí cuando era niña.

Había fotografías mías de cuando me faltaban dientes. Fotos mías antes y después de que me quitaran el ojo. Fotos de vacaciones de verano, navidades, cumpleaños, y de mis padres sonriendo. Tuve en mis manos todas esas fotos que se habían perdido hacía décadas cuando nuestro sótano se inundó. Allí estaban, en una torre, a buen recaudo en un cofre de tesoros. Atrapada en ese gozo por la recuperación, acerqué una para volver a mirarla mejor. Probablemente no tendría más de cinco años, con mi cara y mi cabello lleno de brillo. Estaba mirando de reojo como Popeye y lanzando una sonrisa fingida a mi padre mientras él capturaba el momento. Aún puedo verlo.

Mi ensoñación quedó interrumpida cuando escuché la voz de un hombre que decía: "Yo siempre pensé que eras divertida".

> El amor de Dios flotaba sobre mí mientras lloraba como un bebé.

Me di la vuelta, pero Jesús no estaba ahí. Sabía que era Él quien habló porque la calidez de su presencia tangible aún permanecía allí. El amor de Dios flotaba sobre mí mientras lloraba como un bebé.

En ese momento, cada palabra que se había dicho y que me había hecho verme como una niña horrible se fue volando como un ave en libertad. Qué conmovedor que esas imágenes estuvieran guardadas en una armería, porque eran armas íntimas de sanidad.

Íntimo

Nuestro Dios es inamoviblemente íntimo. Él conocía mis temores y habló directamente a mi espíritu. Así es como Él quiere hablarte también a ti. Él recuerda esos momentos que le hicieron sonreír, esos momentos que hemos olvidado. Él ha olvidado nuestro pecado y vergüenza y ha enterrado nuestras transgresiones en un mar de olvido. Él nos acerca para sanarnos y enderezarnos.

Perdemos de vista nuestra identidad cuando la adjuntamos a nuestra errónea galería de imágenes. Perdemos nuestras habilidades cuando permitimos que el temor e incluso el dolor de otros entierre nuestros dones. Pero podemos correr y escondernos en Él, y Él dirá la verdad en los lugares más íntimos de nuestro corazón. Él anhela acunar a los rechazados en sus brazos y después plantarnos en su verdad.

Espero que ya sepas esto:

Tú eres mucho más de lo que tú u otros pueden ver o tocar.

Tú eres mucho más de lo que has conocido o hecho.

Eres mucho más que lo que otros piensan o incluso de cómo tus percepciones enmarcan tu autoimagen.

Nunca podrías medirte con precisión por lo que posees o por lo que te falta.

Tú eres más que el periodo de tus años y, por lo tanto, no puedes quedarte atado a los dichos de joven o de mayor.

Eres un hijo del mundo eterno.

Eres más que soltero, divorciado, viuda o casada.

Eres mucho más que tu género.

Estos atributos son expresiones tangibles de la estructura que alberga la verdadera vida que eres. Son dinámicas relacionales y posesiones materiales. Son como piezas de ropa que nos cubren a nosotros y los cuerpos que nos refugian. Representan cómo parecen ser nuestras vidas, pero no son nuestra fuente de vida.

Si un fuego asolase mi casa y consumiera todo su contenido, pero yo consiguiera saltar a través de las llamas, mi vida estaría intacta.

Espíritu

Yo soy un espíritu viviente.

Tú eres un espíritu viviente.

Fuimos creados a imagen de Dios, y Dios es espíritu. Aunque es invisible, este espíritu es tan real y tan cercano como el aire que respiramos. Y sin embargo, es algo más profundo que el paso del aire por nuestros pulmones. Es la esencia de Dios morando dentro de nosotros. El Dios de fuego y amor consume todo lo que impide la expresión y recepción de su amor.

> *Dios es Espíritu; y los que le adoran, en espíritu y en verdad es necesario que adoren* (Juan 4:24).

Dios es espíritu. Dios es verdad. Por lo tanto, le adoramos tanto en espíritu como en verdad.

Actualmente, los imperfectos confines de nuestras estructuras humanas son un ajuste torpe para nuestro espíritu. La tensión entre nuestro anhelo de liberación y la realidad de nuestra contención terrenal es a menudo lo que despierta en nosotros un deseo de más.

Cuando éramos jóvenes, esta frustración nos instaba a crecer. Eso que estaba fuera de nuestro alcance es lo que nos llevó a rodar o a gatear. Después de un tiempo, solo el movimiento no era suficiente. ¿Por qué pasar nuestros días mirando al piso? Como respuesta, dejamos atrás la seguridad y la velocidad del gateo para levantarnos y pararnos. Así erguidos se expandió nuestra visión, y por una corta etapa, nos contentamos con sentarnos para movernos. Pero llegó un día en que estar sobre dos piernas y después volver a las cuatro patas ya no era suficiente. Levantamos nuestras cabezas para caminar rectos.

Jóvenes y ancianos, nos sentimos frustrados por los límites y traicionados por lo mismo. Entonces, ¿por qué iba alguien a imaginar que una experiencia física humana tendría el poder para sanar el espíritu humano? Nuestras emociones pueden ser tocadas y nuestros cuerpos se pueden satisfacer, pero la cobertura de carne no puede tocar el espíritu.

Aún así, es el mismo soplo del Espíritu de Dios lo que da vida a todo lo que se puede tocar y nos da la capacidad de sentir.

Y es el espíritu lo que aviva el cuerpo, como dice Santiago:

> *Porque como el cuerpo sin espíritu está muerto* (Santiago 2:26).

Cuando el espíritu se ha marchado del cuerpo, el cuerpo vuelve al ámbito de la tierra, de donde fue formado. El espíritu era lo que daba vida y propósito al cuerpo, y con su ausencia, el cuerpo se ve obligado a decaer. Pero hay otro tipo de muerte de la que hablan Santiago y Pablo: una fe muerta.

Así también la fe sin obras está muerta (Santiago 2:26).

Porque la letra mata, mas el espíritu vivifica (2 Corintios 3:6).

No te conformes con una religión desprovista de la presencia de Dios o con pasar las páginas de la Biblia sin el viento de su Espíritu. Su voz

Su voz declara vida.

declara vida. Los límites de la letra de la ley no son simplemente las legalidades humanamente imposibles de la religión; la ley también incluye lo que nuestra cultura ha grabado en nuestra carne. Son las etiquetas que se nos anima a llevar puestas.

Hasta que veamos que vivir en base a las etiquetas y las letras es muerte, seguiremos acudiendo a la fuente errónea para obtener lo correcto. Necesitamos que alguien hable de espíritu a espíritu a las profundidades de nuestros anhelos y traiga claridad a nuestra confusión humana. Hay demasiados juegos de manos en nuestra cultura. Las personas se distraen con una ilusión, mientras un operador tras una cortina controla lo que vemos y oímos. Quizá te estás escondiendo detrás de esa cortina, haciendo que las cosas parezcan ser de una manera cuando en realidad estás desesperado por ser visto. Verdaderamente visto. Nuestro Dios ve.

El Dios que se mueve

En el principio creó Dios los cielos y la tierra. Y la tierra estaba desordenada y vacía, y las tinieblas estaban sobre la faz del abismo, y el Espíritu de Dios se movía sobre la faz de las aguas (Génesis 1:1-2).

Desde el comienzo, nuestro Dios fue el Creador. Cuando la tierra fue tomada cautiva, cubierta con un vacío desordenado de agua y la oscuridad que cubría el semblante de las profundidades… Dios se acercó. En vez de alejarse decepcionado o distanciarse del abismo de aguas oscuras sin forma y estéril, el Espíritu de Dios se movió.

Quiero hacer una pausa y pintar algún cuadro alrededor de la palabra *moverse*.

La palabra hebrea para *moverse*, *rachaf*, evoca un cuadro muy bonito y se traduce mejor como "quedarse merodeando o flotar de una manera que es a la vez gentil y estimulante". La anotación rabínica que acompaña a esta palabra para *moverse* es "como una paloma".[1]

Rachaf también significa "revolotear". La palabra se vuelve a ver en estos versículos:

> *Le halló en tierra de desierto, y en yermo de horrible soledad; Lo trajo alrededor, lo instruyó, lo guardó como a la niña de su ojo. Como el águila que excita su nidada, revolotea sobre sus pollos, extiende sus alas, los toma, los lleva sobre sus plumas* (Deuteronomio 32:10-11).

Estos versículos comparan cómo Dios protegió y cuidó de los israelitas con el modo en que un águila interactúa con sus polluelos. El Espíritu de Dios revoloteó sobre ellos con protección mientras los llevaba de un lugar de desolación a una tierra de promesa.

No puedo dejar de imaginarme la ternura de una madre al acudir a la cama de su hijo adormilado aún que se ha despertado ansiosamente por un mal sueño. ¿Estamos dispuestos a que nos despierten?

Y mientras el Espíritu de Dios se movía y cubría, también hablaba. Sus palabras fueron escogidas con esmero. No se hizo eco de la realidad de una esfera de oscuridad deformada y vacía. Él liberó lo que daría forma a lo que sería. Ante el caos y la oscuridad, Dios llamó a un despertar. Cara a cara ante la finalidad de las aguas oscuras, Dios declaró un amanecer, un nuevo comienzo, un día. Dios habló luz.

Y dijo Dios: Sea la luz; y fue la luz. Y vio Dios que la luz era buena;
y separó Dios la luz de las tinieblas (Génesis 1:3-4).

Y apareció la luz, y fue buena. La
palabra hebrea para *luz* aquí tiene
su origen en Dios, lo cual no es de
extrañar porque Dios es luz desprovista de sombras. Este no fue el

> Dios es luz desprovista
> de sombras.

momento en que puso el sol. Ese evento sucedió después en la creación.
Esta luz emanaba de Dios y alcanzaba a iluminar los huecos oscuros de
la tierra. Una cosa es tener una antorcha en nuestra mano y otra muy
distinta ser una fuente de luz. Nosotros llevamos luz, pero Dios *es* luz.
Despertar la luz es algo que está en su mismo aliento.

Por lo tanto, Él habló su misma esencia a la tierra, y fue bueno porque…
Dios es bueno.

La palabra hebrea usada aquí en Génesis 1 para *buena* contiene muchas
palabras de nuestro idioma: deseable, eficiente, moral, e incrementar en
valor son solo unas cuantas. Cuando la luz fue liberada, la tierra fue sembrada con todos estos atributos y más. Esta génesis posicionó a la tierra
para convertirse en un entorno atractivo, productivo, que era bueno y
moral para sus habitantes, y con el paso de cada año, aumentaría cada vez
más su valor. Se puso en marcha un patrón de la bondad de Dios.

No tenemos una manera segura de saber si este origen de la luz de la
tierra fue una explosión o si los niveles de luz aumentaron lentamente
como el amanecer de un nuevo día. Lo que sí sabemos con certeza es que
Dios fue la fuente de luz, que la luz era buena y que la luz fue separada
de la oscuridad.

Y llamó Dios a la luz Día, y a las tinieblas llamó Noche. Y fue la
tarde y la mañana un día (Génesis 1:5).

Una vez liberada la luz, comenzaron a suceder cosas. Después Dios separó las aguas con una expansión, creando así la atmósfera y el almo-
hadón de espacio que rodea la tierra. Una vez creado este entorno de

protección, las cosas sumergidas y ocultas desde hace mucho tiempo por el oscuro abismo salieron a la superficie y aparecieron.

Dijo también Dios: Júntense las aguas que están debajo de los cielos en un lugar, y descúbrase lo seco. Y fue así. Y llamó Dios a lo seco Tierra, y a la reunión de las aguas llamó Mares. Y vio Dios que era bueno (Génesis 1:9-10).

Lo que estaba oculto fue revelado. La tierra siempre había estado ahí, cubierta por las aguas oscuras, esperando ser liberada. Me imagino a la tierra conteniendo su respiración y con la esperanza de que la luz apareciera a través de las aguas. La tierra esperó a que la palabra de Dios la llamara. Y la tierra comenzó a brotar con vida.

Después dijo Dios: Produzca la tierra hierba verde, hierba que dé semilla; árbol de fruto que dé fruto según su género, que su semilla esté en él, sobre la tierra. Y fue así (Génesis 1:11).

Al día siguiente, los gobernantes del día y de la noche, el sol, la luna y las estrellas, fueron nombrados. Esto significa que todas las cosas vivientes al principio crecían bajo el calor y brillo dorado de la luz de Dios. Él era la fuente de luz, así como un día lo volverá a ser.

No habrá allí más noche; y no tienen necesidad de luz de lámpara, ni de luz del sol, porque Dios el Señor los iluminará; y reinarán por los siglos de los siglos (Apocalipsis 22:5).

Una vez establecidos los entornos del sol y de la luna, Dios habló a los dominios del agua y del cielo y llamó a los peces y a las criaturas volantes del aire. Las profundidades de los océanos y la expansión del cielo rebosaron con su vida de revoloteos y aleteos. Donde el Espíritu de Dios una vez se había movido, ahora volaban las criaturas. El día siguiente se apartó para la vida que deambularía por la tierra.

Luego dijo Dios: Produzca la tierra seres vivientes según su género, bestias y serpientes y animales de la tierra según su especie. Y fue así (Génesis 1:24).

El mar, el aire, y la tierra habían producido cada una según su especie y naturaleza. Ahora era el momento de que el Creador crease algo conforme a su naturaleza.

> *Y creó Dios al hombre a su imagen, a imagen de Dios lo creó; varón y hembra los creó* (Génesis 1:27).

La humanidad fue creada a su imagen. Me pregunto si entendemos el privilegio de ser formados como un reflejo de nuestro experto Creador.

Antes de la caída, solo podemos imaginarnos la magnificencia de cada criatura. Y sin embargo, no pueden acercarse a la imagen de Dios entretejida dentro de ti. Esto no es algo que tan solo lo digo, sino que sé que es cierto. Tú lo dudas porque no puedes ver quién eres realmente. El hombre y la mujer fueron creados de forma magnífica.

> *Entonces Jehová Dios formó al hombre del polvo de la tierra, y sopló en su nariz aliento de vida, y fue el hombre un ser viviente* (Génesis 2:7).

Primero Dios formó, después Dios sopló. Usando el polvo de esta realidad avivada por la luz, el Creador le dio al hombre la capacidad de contener su propio aliento. El Yo Soy el que Soy sopló su vida en forma de un hombre, y lo que era un armazón cobró vida. Cuando Adán fue creado, estaba completo. Era perfecto en su forma física, y el espíritu y el alma del hombre estaban unificados. Adán y Eva eran perfectos.

No te asustes por lo que acabo de decir, y tampoco dejes que esto te llene de arrogancia. Permite que la designación real de la intención original de Dios para que nosotros seamos portadores de la imagen del Dios Altísimo ponga su peso sobre tus hombros. En el pecado de Adán y Eva, caímos más hondo de lo que jamás podríamos habernos recuperado. Ahora, oculto dentro

> En el pecado de Adán y Eva, caímos más hondo de lo que jamás podríamos habernos recuperado.

de nuestro refugio invencible, Cristo nuestra Piedra Angular, reflejamos débilmente lo que habíamos sido y esperamos la esperanza gloriosa de lo que un día seremos. Como C. S. Lewis destacó de manera tan acertada:

> "Ustedes vienen del Sr. Adán y de la Sra. Eva", dijo Aslan. "Y eso es tanto un honor suficiente para levantar la cabeza del mendigo más pobre, como una vergüenza suficiente para rebajar los hombros del mayor emperador de la tierra. Conténtense."[2]

Tú fuiste creado para una conexión íntima, llena del espíritu con el Padre.

Somos hijos del suelo formados del polvo de la tierra mucho después de que la caída tuviera su efecto en nuestro mundo. Nuestros espíritus cobraron vida cuando nacimos de nuevo, pero nuestra mente y cuerpo necesitan un santuario y renovación.

> *El revela lo profundo y lo escondido; conoce lo que está en tinieblas, y con él mora la luz* (Daniel 2:22).

En la caída, este entretejido íntimo del alma y el espíritu se rasgó. Para entender mejor esto, sería algo semejante a un vaso que está presente, pero que ya no está lleno. Aunque es su aliento lo que sostiene nuestro cuerpo, tenemos conciencia de nuestra brecha, de nuestro vacío. Respiramos porque Él es, pero el vacío de cada aliento dice que hay más porque no nos llena. Sin el espíritu *de Dios* vivimos como los que están en un soporte vital.

Ahora debo compartir por qué me he tomado el tiempo y el espacio para desarrollar el relato de la creación de esta manera. Tengo la sensación de que el Espíritu de Dios quiere moverse sobre algunas áreas de tu vida. Él quiere hacer una remodelación como la de Génesis. Él quiere:

Avivarte con su luz (ver 2 Corintios 4:6).

Separar la luz de la oscuridad (ver 2 Corintios 6:14).

Crear un toldo de expansión sobre tu vida (ver Romanos 4:7-8).

Retirar el oscuro manto de agua y revelar la nueva tierra (ver Hebreos 11:29).

Liberar las semillas enterradas dentro de tu tierra para que puedan brotar y dar fruto (ver Marcos 4:20).

Convocar vida y asombro en tus aguas profundas (ver Juan 7:38).

Liberar tu corazón del temor para que pueda volar en fe (ver Mateo 6:22; Marcos 6:50).

Asombrarte con la creatividad de su vasta creación (ver Salmos 19:1-6).

Soplar vida, su vida, en el hueco creado por el pecado, volver a tejer tu espíritu y tu alma y sanar todo lo que ha sido rasgado y desgarrado (ver Juan 20:21-22; Colosenses 2:2).

Incluso ahora nuestro Creador anhela acercarse y estar cara a cara con cualquier lugar velado en las oscuridad o borrosa confusión, y verter su luz. Su Espíritu se mueve sobre los lugares desordenados y vacíos de nuestras vidas. Él no desconoce nuestro dolor ni le repulsa nuestra condición. Él nos ve luchando con la confusión. Él no se retira cuando nos ve batallando. Su espíritu se acerca, esperando, merodeando, de forma tan gentil como una madre junto a un hijo aterrado o temeroso, como un águila revoloteando sobre un nido de polluelos mientras salen del cascarón, viendo expectante mientras escapan de los confines de su fino cascarón. Después, el águila revoloteará de nuevo mientras aprenden a volar. Esta es la naturaleza firme, inamoviblemente íntima de nuestro Creador, que está a la vez a nuestro alrededor y dentro de nosotros. La intimidad no deja lugar para los espacios oscuros, así que no te escondas. Tu Padre ve y ama el verdadero tú. Confía que Aquel que te formó también soplará su vida en ti.

> La intimidad no deja lugar para los espacios oscuros, así que no te escondas.

La intimidad produce integridad

Una cosa que Dios no puede hacer es mentir.

Él no repetirá las mentiras que otros han dicho de ti.

Él no permitirá que una mentira que tú hayas dicho sobre ti mismo se llame verdad.

Él no permitirá que una etiqueta sea tu límite. En su presencia, cada etiqueta se cae, incluso las que tú mismo te has escrito encima.

Él te llama por nombre, no por los nombres que te han llamado.

Él te llama por el nombre que el espíritu ve cuando se mueve.

Él ha estado cara a cara con tus anhelos más profundos y con tus temores más oscuros.

Él ve los lugares sin formar.

Él ve la esperanza decepcionada.

Él ve las nubes borrosas de confusión.

Él ve el jadeante tumulto de una humanidad en crisis.

Él oye los clamores de los que tienen miedo y de los que están solos.

Él siente el dolor de los rechazados y los aislados.

Él ve la trampa de pecado y vergüenza.

Él ve las muchas aguas que amenazan con abrumar.

Él ve a través de la oscuridad que tiñó de gris el color de tu mundo con huellas de sombra.

Él ve todo esto y declara luz.

Quizá otros te llaman muchacha. Él te llama hija.

Quizá otros te llaman fracaso. Él te llama hija.

Quizá tú te llamas heterosexual, transgénero, asexual, lesbiana o cualquier otro de los muchos tipos de etiquetas. Él te llama propiedad suya.

Hija es más alto y llega más profundo que el género.

Hija es más íntimo que tu orientación sexual.

Hija es quien tú eres para tu Creador.

Dios no se dirige a nosotros como chicas y chicos.

Él nos llama hijas e hijos.

Hay lugares íntimos en cada uno de nosotros que solo Él puede tocar. Hay lugares en nuestro interior que fueron creados para responder al Espíritu de Dios. Nosotros pedimos su toque cada vez que respiramos el nombre de Jesús.

No sé si nuestro planeta clamó cuando estaba sumergido en las profundidades de una tumba acuosa. No sé por qué el Espíritu de Dios escogió moverse. Sé que ahora el Espíritu de Dios está tan cerca de nosotros como un susurro, esperando rodearnos y juntarnos.

En el Nuevo Testamento, el corazón del Creador se hizo eco en las palabras de Jesús:

> ¡Jerusalén, Jerusalén, que matas a los profetas, y apedreas a los que te son enviados! ¡Cuántas veces quise juntar a tus hijos, como la gallina junta sus polluelos debajo de las alas, y no quisiste! (Mateo 23:37)

Qué trágicas son las palabras "y no quisiste".

Incluso ahora el Espíritu de Dios revolotea, esperando hablar paz a las tormentas y silenciar los clamores de nuestros páramos que aúllan. Él espera, anhelando rodearnos con la protección y el calor de sus alas. ¿Estamos dispuestos? ¿Invitaremos al Espíritu Santo que revolotea para que se acerque? ¿Le permitiremos cubrirnos? ¿Persistiremos en nuestros intentos de cubrirnos incluso si descubrimos con ello a otros? ¿Escucharemos a nuestro Creador?

La intimidad es parte de nuestro profundo y desesperado deseo humano de sencillamente pertenecer.

Anhelamos pertenecer… porque fuimos creados para pertenecer.

Tenemos ansias de intimidad… porque fuimos creados para la intimidad.

Necesitamos amar y ser amados… porque fuimos creados para el amor.

Y fuimos creados mediante el amor.

La verdad es que tendemos a simplificar en exceso algunas cosas y a complicar otras. Cuando se trata del género, hacemos ambas cosas. Yo vivo en el cuerpo de una mujer, pero a fin de cuentas soy espíritu. Todos somos seres espirituales que tenemos una experiencia humana bastante difícil. Esta tierra no es nuestro hogar, así que no debería sorprendernos que a veces nuestros cuerpos se sientan raros, limitados y constrictivos. Ellos nunca se sentirán de otra forma a menos que nuestro marco corruptible y mortal se vista de su cuerpo inmortal. Somos semillas esperando liberación. Entonces, y solo entonces, descubriremos quiénes y qué somos realmente.

Todos estamos quebrantados. Pertenecer a otras personas quebrantadas no arreglará nuestro mal, así como tener sexo no cumplirá nuestro deseo de intimidad. Si lo hiciera, las prostitutas y los adictos al sexo serían las personas más realizadas del planeta. (Creo que todos estamos de acuerdo en que ese no es el caso). Pero hay Alguien a quien pertenecemos, Alguien que puede sanar nuestro quebranto y saciar nuestra necesidad de intimidad. Es el Espíritu de Dios que se mueve y nos hace de nuevo seres completos.

¿Recuerdas el versículo de Daniel 2, donde la piedra que no tocaron las manos humanas se convierte en el monte? Este concepto se repite en el libro de Isaías:

Viene un día en que el monte de la casa de Dios será la montaña, sólida, sobresaliente por encima de las demás montañas. Todas las naciones confluirán a ella, personas de todas partes saldrán hacia ella. Dirán: "Vamos, subamos a la montaña de Dios, vayamos a la casa del Dios de Jacob. Él nos mostrará cómo actúa para que podamos vivir según la forma en que nos creó". Sion es la fuente de la revelación. El mensaje de Dios viene de Jerusalén (2:2-3, The Message, traducción libre).

Dios nos mostrará cómo actúa para que podamos vivir según la forma en que nos creó. Fuimos creados para una intimidad invencible, inamovible, que no será disuadida por nuestros anhelos más profundos ni será desalentada por nuestros temores más primarios. Si se lo pedimos, Él nos mostrará la luz de su bondad. Pausa, reflexiona y permite que su luz te avive.

Amado Padre celestial,

Me atrevo a creer que tú no estás distante ni me desapruebas; tú estás cercano. Hay cosas inmersas en las aguas profundas de mi vida que ya no puedo ver. Te doy permiso de hablar a mi vida. Libera tu luz y sepárala de cualquier oscuridad y confusión en mi vida. Recibo tu designación de hija o hijo. Muéstrame la forma en que estás trabajando en mi vida para que pueda vivir según la forma en que fui creado… para tu gloria. En el nombre de Jesús, amén.

INAMOVIBLEMENTE CONSTANTE

Jesucristo es el mismo ayer, y hoy, y por los siglos.

Hebreos 13:8

En mi vida, un fin de semana libre es una rareza. Un fin de semana sola es un milagro.

Aún así, admito que me he estado escondiendo. ¿Te he escuchado preguntar de qué?

Bueno, de este libro en realidad.

No es meramente postergar las cosas lo que me ha bloqueado, aunque admito que es una habilidad en la que me las he arreglado para mejorar. No, estoy acobardada por algo mucho más intimidante que una fecha límite.

No estoy segura de haber sentido nunca una necesidad tal *de* o el peso *de* un mensaje. Tengo una sensación de urgencia no solo por encontrar las palabras correctas, sino también por expresar dichas palabras con el tono correcto. Mi oración más ferviente es que una vez encontradas tanto las palabras como los versículos, estos se ensamblen de tal forma que no solo se lean… sino que también las recibas de una amiga y madre que quiere que sepas que eres amado más allá de lo que se pueda imaginar o medir.

Hoy comienzo de nuevo a hablar de lo que he tocado y a lo que he vuelto en múltiples ocasiones. Estoy sola con mi computadora portátil, y no hay reunión, ni evento tras el que esconderme. Es sábado, mi oficina está cerrada, y estoy lejos de casa con el único propósito de escribir. Temprano en la mañana, monté en mi bicicleta hasta el mercado de los agricultores para comprar algunos alimentos frescos para los días siguientes. Estoy armada de un fresco y crujiente pan de tomillo parmesano. Comenzaré con lo que he estado escuchando en mi espíritu durante toda la mañana: "Yo soy el Señor, tu Dios, que no cambio".

Me desperté con esas palabras. Toda la mañana, esta declaración ha resonado en las paredes de mi mente. Finalmente, la escribí en mi diario. Por lo general, cuando algo se escribe y por lo tanto se reconoce, la persistencia se acalla. Pero hoy, capturar las palabras no me aportó ese silencio. Miré esta frase en las Escrituras. Encontré su equivalente más cercano en Malaquías: *"Porque yo Jehová no cambio; por esto, hijos de Jacob, no habéis sido consumidos"* (3:6).

Partí esta declaración en frases y trozos mientras me sentaba afuera devorándome casi la mitad del pan.

Las primeras palabras que examiné fueron las últimas que oí: "Yo no cambio".

> ## Dios no cambia. Él no necesita cambiar.

Dios no cambia. Él no necesita cambiar. Él está comprometido. Él está ahí del todo. Su respuesta a nosotros está basada en quién es Él en vez de quiénes somos o no somos nosotros. Gracias a Dios, porque si Dios cambiara, todos estaríamos en problemas.

Es reconfortante saber que Dios no cambia, y bastante alarmante darnos cuenta de que si lo hiciera… significaría nuestra absoluta destrucción.

Malaquías es el último libro del Antiguo Testamento. Este versículo les viene pisando los talones a los cinco primeros versículos del capítulo 3, que describen cómo Dios enviará a un mensajero para preparar su camino como un fuego refinador y jabón de lavadores. La imagen tanto del fuego como del jabón revelan agentes agresivos que prueban y limpian. Aunque nuestro Señor no cambia, está decidido a rehacernos para que seamos todo aquello para lo que fuimos creados.

El hecho en sí de que Dios no cambia debería darnos el valor para creer que ¡nosotros podemos! Él es coherentemente bueno y fiel.

> El hecho en sí de que Dios no cambia debería darnos el valor para creer que ¡nosotros podemos!

Cuando mis hijos eran pequeños, por naturaleza intentaban empujar sus límites y los míos. No siempre era que quisieran hacer las cosas a su manera. A veces querían saber cuáles eran sus límites reales. ¿Cumpliría realmente lo que dije? ¿Cuántas veces decía: "Si vuelven a lanzar esa pelota en la casa, se quedarán sin ella" antes de quitársela en verdad? ¿En verdad lo haría, o serían vanas amenazas?

Cuando yo era incoherente, había confusión para todos los implicados. Si decía una cosa cuando estaba contenta y otra cuando estaba cansada, no había forma de saber qué iba yo a decir si estuviera bajo el efecto de otro sentimiento distinto. Si les decía una cosa cuando estaba con otras personas y otra distinta en privado, ellos no estaban seguros de hacia dónde iba yo con las cosas. Hasta que no fui coherente, ellos dudaban o incluso desobedecían.

Recientemente, estaba en una llamada telefónica con alguien a quien habíamos invitado a nuestro mundo para ayudarnos a crear más espacio para otros en nuestra organización. Me preguntó por qué me faltaba confianza en un área de nuestra organización cuando tenía plena confianza en otra. Nos dimos cuenta de que tenía que ver con una falta de claridad. ¿Cuál era mi función? No estaba segura de dónde tenía autoridad y dónde no. Cuando no sabes qué esperar, no sabes cómo actuar.

Fuimos hechos para tener claridad. Dios sabe esto. Dios es constante y coherente en naturaleza. Dios es bueno. Dios hace bien. Dios nos da lo que es bueno. No hay razón para que permitamos que la duda ensombrezca nuestro pensamiento.

> *Toda buena dádiva y todo don perfecto desciende de lo alto, del Padre de las luces, en el cual no hay mudanza, ni sombra de variación* (Santiago 1:17).

La traducción The Message parafrasea la segunda parte de Santiago 1:17 diciendo que no hay nada engañoso en Dios, nada que tenga doble cara, nada que varíe. Nuestro Padre no está intentando engañarnos o encontrarnos con la guardia baja diciendo una cosa y en verdad queriendo decir otra. Él no dirá una cosa delante de nosotros y otra cosa distinta a nuestras espaldas. Nuestro Dios es fiable y habla abiertamente con un mensaje coherente para todos.

Otro versículo que expresa su coherencia constante es Números 23:19:

> *Dios no es hombre, para que mienta, ni hijo de hombre para que se arrepienta. El dijo, ¿y no hará? Habló, ¿y no lo ejecutará?*

Dios no miente. Él no cambia de idea. Él hará lo que dijo que haría. Lo que dice se cumplirá a ciencia cierta sin faltar nada. Quizá algo parezca distinto o llegue después de lo que esperábamos, pero sucederá.

Dios es nuestra montaña inamovible, la Roca constante que es más alta para que podamos alzar nuestros ojos, sabiendo que Él siempre está ahí. Como Él es constante, su Palabra y sus caminos son coherentes entre sí. Él no puede decir una cosa y después actuar de otra manera. Él está unificado en todas sus expresiones.

La *letra* de lo que se dijo en el Antiguo Testamento puede parecer distinta a su aplicación en el Nuevo Testamento, pero nunca el *espíritu* de ello. Bajo el pacto abrahámico, la circuncisión se exigía para cada hombre, pero cuando el evangelio llegó a los gentiles, ya no siguió siendo un requisito. Pablo lo explica así:

Pues en verdad la circuncisión aprovecha, si guardas la ley; pero si eres transgresor de la ley, tu circuncisión viene a ser incircuncisión. Si, pues, el incircunciso guardare las ordenanzas de la ley, ¿no será tenida su incircuncisión como circuncisión? Y el que físicamente es incircunciso, pero guarda perfectamente la ley, te condenará a ti, que con la letra de la ley y con la circuncisión eres transgresor de la ley. Pues no es judío el que lo es exteriormente, ni es la circuncisión la que se hace exteriormente en la carne; sino que es judío el que lo es en lo interior, y la circuncisión es la del corazón, en espíritu, no en letra; la alabanza del cual no viene de los hombres, sino de Dios (Romanos 2:25-29).

¿Qué bien hay en una señal externa si no está acompañada de una transformación interna? Y sin embargo, una transformación interior no exige una aplicación externa de la ley. A fin de cuentas, siempre fue un corazón circunciso lo que Dios buscaba. Este es un asunto íntimo que entrelaza el corazón del Padre y el espíritu de la ley, que produce obediencia. El espíritu de una ley siempre superará el requisito carnal. El Espíritu nos empodera de formas que la ley nunca pudo hacerlo. Dios no cambió de idea… Él cambió nuestros corazones. Lee lo que le dijo a Moisés:

Pero derramo amor inagotable por mil generaciones sobre los que me aman y obedecen mis mandatos (Deuteronomio 5:10 NTV).

Y de nuevo:

¡Oh, si siempre tuvieran un corazón así, si estuvieran dispuestos a temerme y a obedecer todos mis mandatos! Entonces siempre les iría bien a ellos y a sus descendientes (Deuteronomio 5:29 NTV).

A lo largo del testamento de la humanidad, la combinación ganadora siempre ha sido el amor y la obediencia. El amor nos capacita para obedecer. Dios anhelaba derramar su amor inagotable sobre nosotros, no abrumarnos con una lista de leyes imposibles. Si Dios hubiera podido acercarse y cambiar nuestro corazón hace mucho tiempo en el monte Sinaí, lo habría hecho. Pero en vez de eso, Él envió a Jesús para mostrarnos su corazón. Una vez que fue revelado su amor por nosotros, las únicas leyes necesarias eran las leyes del amor. De nuevo leemos:

> *Jesús le respondió: El primer mandamiento de todos es: Oye, Israel; el Señor nuestro Dios, el Señor uno es. Y amarás al Señor tu Dios con todo tu corazón, y con toda tu alma, y con toda tu mente y con todas tus fuerzas. Este es el principal mandamiento. Y el segundo es semejante: Amarás a tu prójimo como a ti mismo. No hay otro mandamiento mayor que éstos* (Marcos 12:29-31).

◇

Él envió a Jesús para mostrarnos su corazón.

Los Diez Mandamientos del Antiguo Testamento habían evolucionado hasta convertirse en un exceso de leyes morales, leyes ceremoniales y leyes civiles, y sin embargo Jesús dijo: *"De estos dos mandamientos depende toda la ley y los profetas"* (Mateo 22:40).

Yo Soy

La siguiente parte de la frase que dividí era: "Yo Soy", que es realmente una frase completa en sí misma. Y es una que responde a muchas de las preguntas que hacemos los humanos.

"Dios, ¿estás ahí?".

Dios responde: "Yo soy".

"¿Cuidarás de esto?".

De nuevo Él nos asegura: "Yo soy".

Él está simultáneamente en nuestro pasado, presente y futuro como el "Yo Soy".

Él fue fiel porque Él es fiel. Él será fiel porque ha sido fiel. Como Él es… yo soy.

Mientras escribía *Sin rival*, me abrumaba el concepto del Dios Altísimo, el gran Yo Soy. En una era en la que muchos están obsesionados con descubrir quiénes son, debería ser de alivio para todos nosotros aprender que descubrimos nuestra identidad en Aquel que fue, que es y que vendrá. Nuestra identidad es como un gran tesoro escondido en lo más profundo de nuestro ser. Descubrimos quiénes somos en la revelación de a quién pertenecemos.

Yo soy una hija del Yo Soy.

Tú eres un hijo del Yo Soy.

Dios se presentó a Moisés como "*YO SOY EL QUE SOY*" (Éxodo 3:14), que es una forma de decir: "Yo soy la personificación total de todo lo que soy sin que haya nada parcial y sin que falte nada".

La versión inglesa King James dice: "*YO SOY LO QUE SOY*" (Éxodo 3:14). Dios existe porque Él existe. Yo existo porque Él existe. Como Él existe, Él es consciente. Dios se apareció a Moisés porque había oído el clamor de una generación esclavizada en la cruel servidumbre de Egipto. Como Él era consciente, se involucró.

> *Yo he estado pendiente de ustedes. He visto cómo los han maltratado en Egipto. Por eso me propongo sacarlos de su opresión en Egipto* (Éxodo 3:16-17 NVI).

Mientras leo y pienso en nuestro Dios Yo Soy, veo tres cosas: Dios ve, Dios sabe, Dios responde. Estos tres puntos dicen: "Yo soy consciente". Yo no sé dónde estás, pero en este mismo momento, el Yo Soy te ve, sabe lo que ha pasado, y promete librarte tanto de tu aflicción como de tu esclavitud.

Él es todo. Él es el principio y el fin y a la vez no tiene principio ni fin. Él abarca cada letra desde el alfa a la omega, y sin embargo no se puede describir mediante ninguna multitud de palabras que puedan crear las combinaciones de las letras. Él es el Yo Soy. Dios es la razón de la razón.

Toda la creación procede del Creador. Porque Él es…Yo soy. Porque Él es… tú eres. Nuestro Creador es nuestro origen y el autor supremo de nuestra identidad. Esto significa que nadie podría robar jamás una identidad escondida en Él. En Cristo, nuestro Adamante, somos suyos, no por derecho de nuestro nacimiento natural, sino por el regalo y derecho de la gracia de nuestro nuevo nacimiento.

La siguiente parte de la frase que destacó fue "el Señor".

Esta terminología envuelve el Yo Soy en supremacía, así como en *"Jehová el Altísimo"* (Salmos 7:17). Es también el término usado en asociación con Yahvé, un nombre tan santo que los judíos consideraban demasiado santo como para pronunciarlo. Este nombre santo y sublime es su identidad envuelta en su compasión y misericordia.

Estoy agradecida de que el Señor de todo lo alto y santo es compasivo y misericordioso. ¿Qué pasaría si Aquel con la máxima autoridad, en vez de ser así, fuera un dictador cruel y despiadado? La verdad es que, gracias a que es el Señor de todo, es digno de mi todo. Como Él es misericordioso y compasivo, entiende que para cada uno de nosotros la vida es un viaje.

---◇---

> En Él, no somos menos de nosotros mismos, sino más bien somos liberados para ser más las personas que Dios creó que fuéramos.

Cuando nos rendimos a todo lo que Él es (Señor), nuestras vidas se agrandan mediante su dominio. En Él, no somos menos de nosotros mismos, sino más bien somos liberados para ser más las personas que Dios creó que fuéramos. Es difícil para nosotros imaginar el uso de la palabra *señor* fuera de los ámbitos de nuestra experiencia con la jerarquía humana. Hemos conocido a señores terrenales que han hecho uso de sus posiciones de poder y autoridad para su propio beneficio. A lo largo de la historia humana, señores renegados han usado a quienes estaban bajo su dominio. Jesús advirtió a sus discípulos sobre esta dinámica en Mateo 20:25-28:

Entonces Jesús, llamándolos, dijo: Sabéis que los gobernantes de las naciones se enseñorean de ellas, y los que son grandes ejercen sobre ellas potestad. Mas entre vosotros no será así, sino que el que quiera hacerse grande entre vosotros será vuestro servidor, y el que quiera ser el primero entre vosotros será vuestro siervo; como el Hijo del Hombre no vino para ser servido, sino para servir, y para dar su vida en rescate por muchos.

El señorío de Jesús nos levanta en lugar de retenernos. Cada aspecto de la vida de Jesús sirvió y rescató.

Nuestro Señor fue descubierto para que nosotros pudiéramos ser cubiertos.

Jesús cedió para que nosotros pudiéramos recibir lo que se había prometido.

Nuestro Señor fue traicionado para que nosotros pudiéramos ser protegidos.

Jesús fue resucitado de la muerte a la vida para que nosotros también pudiéramos ser resucitados.

La siguiente porción de la frase que contemplaba era "tu Dios".

El uso de la palabra *Dios* aquí denota *Elohim*, el Creador, el Juez, y el Guerrero. La verdad es que Él no se convirtió en Dios cuando yo lo reconocí como tal. Él fue siempre mi Dios Creador. Él no necesitó mi reconocimiento para conocerme. Él me conocía antes y me conoce ahora mucho mejor que yo misma. Él me creó en secreto y me busca en el lugar secreto. Como mi Juez, Él me ha absuelto de mi pecado y ha eliminado mis iniquidades. El Salmo 103:10-12 dice:

No ha hecho con nosotros conforme a nuestras iniquidades,
Ni nos ha pagado conforme a nuestros pecados.
Porque como la altura de los cielos sobre la tierra,
Engrandeció su misericordia sobre los que le temen.
Cuanto está lejos el oriente del occidente,
Hizo alejar de nosotros nuestras rebeliones.

El amor de Dios es incomprensible e inamovible, impenetrable e inmutable. Lo cual nos lleva directamente de nuevo a la última frase que oí: "Que no cambio".

Así como Dios es inamovible en amor, es inamovible en misericordia. Él jura por su naturaleza inmutable en vez de por nuestra naturaleza que cambia. En Salmos 103:17 leemos que promete su amor a los que le temen. Dios no está buscando nuestra perfección, porque fuera de Cristo, nuestra Piedra Angular inamovible, no hay persona alguna que no tenga pecado. Pero Él *está* buscando a aquellos que le temen. ¿Por qué? ¿Qué significa temer a Dios en nuestra época de familiaridad e irreverencia?

Una manera de temer al Señor es apartarse del mal. En Proverbios 3:7 leemos: *"No seas sabio en tu propia opinión; teme a Jehová, y apártate del mal"*. La traducción Passion lo dice así: *"Porque la sabiduría viene cuando le adoramos con total devoción y evitamos todo lo que no esté bien"* (traducción libre).

Cuando combinamos los significados encontrados en estas dos interpretaciones del mismo versículo, concluimos que al mirarlo a Él con admiración y al cultivar el asombro, nos alejamos de todo lo que es malo y no está bien. La maravilla de Aquel que no cambia, nos cambia.

Gracias a que Él ama, también se interesa. Gracia a que se interesa, Él es constante.

Amado Padre celestial,

Tú eres fiel y amoroso incluso cuando yo tengo miedo y me falta la fe. Oro para que en un mundo que cambia constantemente, te pueda conocer como mi constante. Cámbiame para reflejar tu naturaleza firme y tu amor duradero. En un mundo de incoherencia, quiero ser coherente.

INAMOVIBLE EN AMOR

La suprema felicidad de la vida es saber que eres amado; amado por ti mismo o, más exactamente, a pesar de ti mismo.

Víctor Hugo

Hace más de treinta y cinco años que John me regaló mi anillo de compromiso de diamantes. Quería hacer oficial que yo era suya y que él era mío (Aunque les había estado diciendo a todos ¡que yo era suya desde mucho antes de eso!). Para comprar el anillo, John comió solo patatas y ahorró como un tacaño durante meses. El 6 de junio de 1982, en mi vigésimo segundo cumpleaños, mientras nos sentábamos junto a una fuente en Dallas, John se presentó a mí con una caja de terciopelo. Mis manos y mi corazón temblaban al abrirlo. Dentro de la cajita negra descubrí un diamante con forma de lágrima asentado sobre un sencillo aro de oro. Era espléndido. A mí me parecía que nunca había existido un diamante más bonito. Las lágrimas llenaron mis ojos mientras decía sí, y enseguida él puso el anillo en mi dedo.

Recuerdo que me quedaba demasiado grande, ¡pero no quería quitármelo bajo ninguna circunstancia! Esa noche dormí con una sonrisa en mi rostro y un anillo en mi dedo. ¡Estábamos comprometidos!

Me desperté a la mañana siguiente, y mi anillo de compromiso fue lo primero que miré. El diamante que brillaba con los rayos de la mañana y lanzaba motas de arcoíris en la sombría pared de mi apartamento me aseguraba que la noche anterior no había sido un sueño. El año anterior a nuestro compromiso, habían surgido algunos momentos dramáticos entre John y yo. Tras unas cuantas separaciones temprano en nuestra relación, era bueno saber que íbamos avanzando con un compromiso de amarnos el uno al otro. Cuando John y yo fuimos a la iglesia esa mañana, muchas personas nos felicitaron. Yo estaba más que feliz de mover mi mano y mostrar mi anillo, pero de lo que realmente estaba alardeando era de nuestro amor.

Estoy bastante segura de que aunque soy diestra, mi mano izquierda comenzó a tomar el papel principal siempre que estaba con alguien. Vivíamos en Dallas, lo cual significaba que siempre habría diamantes más grandes y con más brillo que el mío, pero esos diamantes no eran mi diamante. Mi diamante contaba la historia de nuestro compromiso inamovible de amarnos el uno al otro. Estábamos prometiéndonos tener y sostener al otro en los buenos tiempos y en los malos, en los años de escasez y en los de plenitud, en la fortaleza y en la debilidad, hasta que la muerte nos separase. Contaba que una nueva historia de amor había comenzado. Y con todos nosotros, Dios ha hecho lo mismo.

Dios es amor.

El amor es la naturaleza del Padre. Él no nos ama porque tiene que hacerlo; Él ama porque no puede *no* amarnos. Dios no nos toleró en el Antiguo Testamento y decidió amarnos en el Nuevo. Él no decidió amarnos porque Jesús se lo dijo. Su amor por nosotros fue lo que puso en acción nuestro rescate. Entregó a su Hijo para expresar su amor por nosotros. Su amor no puede ser vencido por el rechazo y el desprecio a uno mismo. Nunca podríamos convencerle de que dejara de amarnos, porque hace mucho tiempo, antes de tuviéramos algo que decir al respecto, Él fijó su amor sobre nosotros como una bandera y nos recibió en su mesa.

Dios no tiene amor *para* nosotros. Dios *es* amor para nosotros. El amor de Dios por nosotros es inamovible, invencible, inflexible y más fuerte que la muerte.

> *Oh Señor, entre los dioses, ¿quién es como tú: glorioso en santidad, imponente en esplendor, autor de grandes maravillas? Levantaste tu mano derecha, y la tierra se tragó a nuestros enemigos. Con tu amor inagotable guías al pueblo que redimiste. Con tu poder los guías a tu hogar sagrado* (Éxodo 15:11-13 NTV).

Dios dirige con amor.

Su amor es nuestro verdadero norte, la constante por la cual podemos navegar en la vida. Sin la seguridad de su amor, nos es fácil perder nuestro camino y vagar fuera del trazado. Finalmente, es su amor lo que nos dirige a casa.

El salmo de Moisés en Éxodo 15 se escribió después de que Dios hubiera rescatado de forma gloriosa a su pueblo tras cientos de años de opresión egipcia. Conocemos la historia, pero lo que quiero subrayar aquí es el adjetivo adjunto al amor de Dios: *inagotable*. Es otra seguridad de que su amor por nosotros no varía. La llama de su amor no parpadea ante el viento de nuestra tozudez. Su amor permanece cuando somos irresponsables, indiferentes y rebeldes. Él no puede bendecir estas acciones, pero incluso en medio de ellas, su bondad nos lleva al arrepentimiento y su amor no se tambalea.

Su amor *por* nosotros no depende de nosotros. Su afecto hacia nosotros no varía según nuestra conducta. Él siempre nos ha amado. Siempre nos amará. No podemos ganar lo que nunca merecimos, así como no podemos pagar lo que nos ha sido dado.

> Su amor *por* nosotros no depende de nosotros.

> *Pues las montañas podrán moverse y las colinas desaparecer, pero aun así **mi fiel amor por ti permanecerá**; mi pacto de bendición*

nunca será roto —dice el Señor, *que tiene misericordia de ti*— (Isaías 54:10 NTV).

Su amor no nos dejará. Las personas podrán ir y venir, pero su amor constante e inamovible permanecerá. Como su amor es inamovible, hemos sido arropados con un pacto de paz. Jesús, nuestra Piedra Angular inamovible, es el Príncipe de Paz. Desde su ámbito de poder más alto, Él susurra paz a cada tormenta en nuestro cuerpo y a cada tempestad que asalta nuestra mente. Su compasión por nosotros no conoce límites. Podemos estar en paz porque no nos niega su amor. Para que Dios negara su amor por nosotros, tendría que negar su amor por su Hijo.

Debido a su amor inamovible por nosotros, fuimos redimidos en Cristo, nuestro Adamante. Quizá te preguntes: "¿Cómo puedo saber con certeza que esto es cierto?". Su amor por nosotros se puede ver: *"Mas Dios muestra su amor para con nosotros, en que siendo aún pecadores, Cristo murió por nosotros"* (Romanos 5:8).

El amor es una decisión

Los diamantes capturan más que el potencial del amor matrimonial; expresan atributos del amor mismo. Al igual que los diamantes, el amor se concibe en vientres de fuego y presión. Puede que haya épocas, años o incluso décadas en que el amor se entierra hondo bajo la superficie como una primavera escondida. Sabes que está ahí. Se plantó hace años muy profundo en la tierra de tu vida, pero a la vez no puedes ver su belleza ni sentir su fuego… lo único que sientes es su susurro subterráneo.

El amor en su forma más verdadera no es un sentimiento. Es una decisión. El amor es la razón por la que una madre exhausta se levanta del sueño para responder al llanto temeroso de un niño. El amor es por lo que un padre trabaja largas horas para proveer para sus hijos (Y sí, amor significa que hay veces en que estos papeles se intercambian). El punto es que el amor da incluso cuando no se le devuelve.

Una vez que el Amor ha decidido, no cambia de opinión.

Nosotros amamos porque el Amor nos escogió. Tú amas porque Dios te escogió (ver 1 Juan 4:19). Y nuestro Padre ama aun cuando nosotros no lo hacemos.

Primer amor

Dios es y siempre será nuestro primer amor. Él nos amó primero, y este primer amor no es inmaduro; es inamovible. Él no nos ama para ver si llegamos a ser como otra persona. Nunca hubo otra persona con la que Él te comparase… siempre fuiste tú. Lo que Él siempre amó fue el colectivo que formamos. Aunque nosotros primero amamos a otros, Él primero nos amó a nosotros, pero al final, cada uno descubre la tenacidad de su primer amor, este amor firme e invencible.

¿Quizá hay áreas en las que sientes que tus acciones han cambiado la forma en que Dios se siente respecto a ti? ¿Quizá existen lugares y patrones en los que has desarrollado un hábito de desobediencia o incoherencia?

Lo entiendo. Yo huí de su amor durante demasiados años. No entendía de qué se trataba su amor. Argumentaba que si Él verdaderamente me amaba, me daría lo que yo quería. Me imaginaba que el amor de uno de sus hijos me haría feliz aquí y ahora. Para ser honesta, yo tenía un gusto horrible para los hombres. Escogía a los que eran difíciles de agradar y que se convertían en los que eran difíciles de mantener. Dios vio más allá de mis antojos y respondió a mi mayor necesidad. Su amor.

Él me dio un amor mayor que los que se podían ganar o perder.

Aún recuerdo ese momento cristalino en el que su amor se esclareció. Lo vi delante de mí. Reconocí sus rayos como si los estuviera mirando a través de múltiples caras de un solo diamante, cada una señalando a esa fracción de tiempo en el que nací de nuevo y me comprometí con mi Novio, Jesucristo.

> El amor de Dios por ti es más adamante que un diamante.

65

El amor de Dios por ti es más adamante que un diamante. No se evaporará en un vacío de luz intensa. Su compromiso contigo fue más profundo que un anillo. Él nunca confiaría una promesa tan preciosa a un artículo que se podría poner en el lugar equivocado o que podrían robarlo. Su reclamo fue escondido y atesorado como un sello sobre la parte de ti que es su favorita… tu corazón.

Estos versículos del Cantar de los Cantares escuchan a escondidas una conversación íntima que declara lazos interminables de pasión entre amantes:

> **Ponme como un sello sobre tu corazón,**
> *como una marca sobre tu brazo;*
> *Porque fuerte es como la muerte el amor;*
> *Duros como el Seol los celos;*
> *Sus brasas, brasas de fuego,*
> *fuerte llama.*
> **Las muchas aguas no podrán apagar el amor,**
> **Ni lo ahogarán los ríos.**
> **Si diese el hombre todos los bienes de su casa por este amor,**
> **De cierto lo menospreciarían** (8:6-7).

¿Te incomoda este amor? Quizá te resulta difícil imaginarte a ti mismo como alguien digno de que te amen con esta intensidad. Quizá dudas de tu capacidad de devolver dicho amor. Estas palabras no se escribieron para hacerte dudar del amor que has experimentado ni para hacer que te cuestiones tu capacidad de amar. Este destello íntimo se da para revelar el tipo de amor apasionado para el que fuiste creado.

Es imposible medir el amor de Dios por nosotros con nuestras experiencias humanas. No hay punto de referencia en este periodo de tiempo caído. Los afortunados en el amor han conocido destellos que les llevaron a una amable calidez. Otros han conocido chispas que finalmente les traicionaron cuando, con los años, sus fuegos se descuidaron y los rescoldos del amor humano se convirtieron en cenizas.

Raro es el amor humano que se puede describir como un fuego sostenido. Y sin embargo, lo anhelamos. Si somos sinceros, reconoceremos el susurro de nuestros corazones y admitiremos que queremos sentir ese nivel de intensidad con alguien íntimo.

A veces casi me ruboriza la pasión que encierra Cantar de los Cantares. Después recuerdo que mi rol es simplemente responder, no razonar. Al dejar a un lado mis preguntas y reconocer y después recibir el amor fiero, fuerte y celoso de Dios, el fuego de mi amor por Dios se aviva.

Este pasaje es en última instancia una descripción de Cristo y su novia. En este ámbito oscurecido de la tierra, conocemos todas las cosas solo en partes y piezas. En el ámbito eterno, cuando conoceremos como somos conocidos, el amor será revelado en todo su ardiente esplendor.

El fuego del amor de Dios por nosotros no se puede apagar. Los torrentes de la vida pueden amenazar, pero no pueden ahogar el amor que Dios nos tiene.

El amor de Dios no está en venta. No hay nada que podamos llamar riqueza que Él nunca cambiaría por nosotros.

Y aunque este pasaje se refiere al amor de Dios por la novia de Cristo, que es la iglesia como colectivo, este amor es tan protector y personal como el de una madre y tan íntimo como el de un amante. Nuestro Padre no podría amar bien al conjunto, si primero no hubiera amado bien a las partes.

Sellados

Nunca podríamos hacernos dignos de tal amor incontenible, así que Dios hizo el trabajo por nosotros.

> *Y el que nos confirma con vosotros en Cristo, y el que nos ungió, es Dios, el cual también nos ha sellado, y nos ha dado las arras del Espíritu en nuestros corazones* (2 Corintios 1:21-22).

Yo no puedo confirmarme a mí misma. Tú no puedes confirmarte a ti mismo. La membresía de una iglesia no puede confirmarnos en unidad. Su Espíritu nos hace uno.

Escucha estos versículos en la traducción Passion:

Ahora bien, es Dios mismo quien nos ha ungido. Y él está fortaleciéndonos constantemente a ustedes y a nosotros en unión con Cristo. Él sabe que somos suyos porque puso su sello de amor sobre nuestro corazón y nos ha dado el Espíritu Santo como un anillo de compromiso dado a una novia, ¡un pago anticipado de las bendiciones venideras! (traducción libre).

¿Ves esto? Aunque no lo supieras, ¡definitivamente estás comprometido!

Nuestros sellos actuales son envoltorios delgados que vemos en vitaminas o productos alimenticios. Estos envoltorios confirman que el paquete aún no se ha abierto, mientras que a la vez están hechos para poder abrirse fácilmente. Este tipo de sello es distinto al sello descrito en 2 Corintios. Este sello viene de la palabra griega *sphragizo*, lo cual describe un sello séptuple que incluye lo siguiente:

1. sello de seguridad (somos estrechamente guardados en el amor de Dios)

2. sello de autentificación (somos marcados como propiedad de Dios)

3. sello de autenticidad

4. sello de propiedad

5. sello de aprobación

6. sello de justicia

7. sello de promesa[1]

Estos sellos son algo más que un sello de garantía. Advierten a las fuerzas de las tinieblas que *no* se nos puede falsificar. Ni nosotros mismos podemos romper ninguno de estos sellos porque están atados a la obediencia a Cristo, no a la nuestra. Estos sellos no solo son un mensaje de "se mira, pero no se toca", sino que cada capa es una afirmación

> Advierten a las fuerzas de las tinieblas que *no* se nos puede falsificar.

divina del compromiso de Dios. No podemos llegar a nuestro propio interior y poner estos sellos en nuestro corazón. El amor entró y nos selló hasta el día en que el amor nos revelará.

Regalos eternos del amor

Tanto tú como yo nacimos del Espíritu, fuimos sellados con el Espíritu, el Espíritu mora en nosotros, fuimos bautizados en el Espíritu, hechos uno con el espíritu, recibimos dones del Espíritu y fuimos comisionados para el ministerio por el Espíritu. Lo único que necesitamos Dios nos lo proveyó, el cual nos ama sin final.

Esta es la razón por la que Efesios nos asegura a todos lo siguiente:

> *Escribo esta carta a todos los creyentes devotos que han sido santificados al ser uno con Jesús, el Ungido. Que el mismo Dios, Padre de nuestro Señor Jesucristo, libere su gracia sobre ustedes e imparta en sus vidas un bienestar total* (1:2 TPT, traducción libre).

¿Ves la participación íntima de nuestro Padre celestial en este proceso? Decimos sí a una vida de creencia devota prometiendo nuestros corazones. A cambio, Dios nos da la gracia para recibir la plenitud de su impartición divina en nuestra vida. Efesios sigue diciendo:

> *Todo lo que contiene el cielo ya ha sido derramado sobre nosotros como un regalo de amor de nuestro maravilloso Padre celestial, el Padre de nuestro Señor Jesús, todo porque él nos ve envueltos en*

Cristo. Por esto lo celebramos con todo nuestro corazón (1:3 TPT, traducción libre)

Celebramos *ahora* con la esperanza del *después*. La verdadera vida comienza en el ámbito de lo eterno. Es ahí donde todo el contenido del cielo espera a su novia como un regalo de boda perpetuo. En caso de que temas que esta versión esté exagerando los regalos de amor que te esperan, lee este versículo en la RVR-60:

> *Bendito sea el Dios y Padre de nuestro Señor Jesucristo, que nos bendijo **con toda bendición espiritual en los lugares celestiales** en Cristo.*

Ninguna bendición que el cielo puede ofrecer se ha dejado fuera o se ha retirado. La extravagante provisión para su novia está en consonancia con la extravagancia de su amor por ella. Y tú eres parte del paquete.

Como novia suya, tú y yo fuimos envueltos en Cristo, el Ungido. Así como lo que Él *hizo* cubre lo que nosotros *hemos hecho*, su muerte y resurrección hacen posible lo que *haremos* en Él. Su obediencia sometida eliminó la deuda y el castigo de nuestra desobediencia, y nos permitió ser obedientes. Si estás dedicado a esta creencia, entonces esta carta de Pablo fue escrita para ti y para mí.

Como creyentes en Cristo, nosotros, que somos muchos, hemos sido hechos uno en la indestructible piedra angular del Santo. No solo estamos envueltos en Cristo, sino que nuestras vidas también han recibido una impartición de bienestar.

De muchas formas y en muchos frentes, la gracia es el lazo proverbial que adorna este paquete de promesa. Dios nos selló en su corazón y selló nuestros corazones con la inamovible piedra angular de su amor.

Querida, querido, escúchame. Tú no habitas en un agujero vaciado en Cristo, cincelado escasamente para que quepas con dificultad. En Cristo, la Piedra Angular inamovible, tienes acceso a todo. No eres un intruso. No eres un invitado… eres de la familia. De hecho, de la familia no es lo suficientemente íntimo. Somos uno en Jesús así como Él es uno con el Padre. Somos parte del todo en todo.

Se nos ha preparado tanto provisión como un lugar. Esta abundancia incluye todo el fruto del Espíritu, nuestros dones en el Espíritu, y paz, justicia y gozo. Mantengamos nuestros corazones y nuestro tesoro en el lugar correcto. Pongámoslos en las cosas de arriba, donde no se corromperán ni nos los robarán.

> El príncipe de las potestades del aire no nos ama.

Cuando poseemos el conocimiento de este amor, ¿por qué alguno pensaría en observar a los pretendientes de esta realidad terrenal? El príncipe de las potestades del aire no nos ama.

Él nos odia… inamoviblemente.

Cualquier promesa que haga el príncipe oscuro es mentira. Cualquier poder que conceda está unido a este ámbito frágil y caído, que está destinado a sucumbir. Cualquier regalo o talento que Satanás concede se revela como un ladrón. Él no puede dar; solo puede quitar. Él no puede hacer otra cosa que pervertir todo lo que toca.

Pero nosotros ya no somos súbditos de su esfera, y sabemos que toda buena dádiva y todo don verdadero viene de nuestro Padre. También sabemos que nada puede separarnos del amor de Cristo.

Seguros en el amor de Cristo

¿Quién nos separará del amor de Cristo? ¿Tribulación, o angustia, o persecución, o hambre, o desnudez, o peligro, o espada? Como está escrito: Por causa de ti somos muertos todo el tiempo; Somos contados como ovejas de matadero. Antes, en todas estas cosas somos más que vencedores por medio de aquel que nos amó. Por lo cual estoy seguro de que ni la muerte, ni la vida, ni ángeles, ni principados, ni potestades, ni lo presente, ni lo por venir, ni lo alto, ni lo profundo, ni

ninguna otra cosa creada nos podrá separar del amor de Dios, que es en Cristo Jesús Señor nuestro (Romanos 8:35-39).

Nada puede separarnos del inamovible amor de Cristo. No hay quién, no hay qué. Su amor no se puede arrebatar, porque estamos situados en Cristo. La crueldad del conflicto y los peligros de la guerra nunca pueden ponerlo a Él en nuestra contra. No hay desastre tan grande como para desplazar el amor de nuestro Príncipe de Paz. Su amor es más cierto que la muerte y más real que la vida. Su amor por nosotros supera los dominios tanto del mundo angélico como del demoniaco. No hay nada que ha sido, sea o vaya a ser en todo el tiempo de la creación que tenga jamás la capacidad de divorciarnos del amor de Dios en Cristo Jesús Señor nuestro. Su amor por nosotros es tan inamovible como su amor por Jesús. Dios tendría que rechazar a su Hijo para rechazarnos a nosotros.

Amados antes del tiempo

Y él nos escogió para ser posesión suya, uniéndonos a él incluso antes de poner los cimientos del universo. Por su gran amor, nos ordenó como uno con Cristo desde el comienzo, para que fuésemos vistos como santos a sus ojos con una inocencia limpia (Efesios 1:4 TPT, traducción libre).

Siempre me emociona mucho enseñarles a las personas mis hijos, mi nuera y mis nietos. Cuando leo estas palabras, me parece que Dios está incluso más emocionado contigo de lo que yo lo estoy con mi familia. Él te mira y declara orgullosamente: "¡Esta persona es mía!". Él se comprometió contigo y después creó un universo en el que pudieras vivir con Él para siempre.

No fuiste escogido el día que recibiste a Cristo, ese es el día que tú escogiste. No, tú fuiste escogido en Cristo mucho antes de que las fuentes de las profundidades fueran formadas. Fuiste formado en Cristo para que a través del poder de la transformación Él pudiera ser formado en ti. Tú cobraste vida en esta verdad el día que naciste de nuevo. Mediante la muerte del Hijo de Dios, el amor no solo te rescató, sino que también te restauró a esta esperanza inicial.

Tú no solo estás comprometido, sino que también fuiste ordenado de antemano o diseñado para ser uno con Cristo. ¡Nadie puede callar este tipo de amor!

En la firmeza de su amor, Dios nos envolvió en la limpia inocencia de Cristo mucho antes de que Adán y Eva tuvieran incluso la oportunidad de despojarse de la luz y la verdad, y vestirse con los harapos de la serpiente de pecado y muerte.

Conociéndome, yo hubiera sugerido que Dios me envolviera en ropas negras en vez de ropas blancas radiantes. La cita de Coco Chanel describe el contenido de mi armario perfectamente: "Cuando encuentre un color más oscuro que el negro, me lo pondré. Pero hasta entonces, ¡me vestiré de negro!".

De negro, no hay necesidad de preocuparse por las manchas. Quizá están ahí, pero nadie las ve. Es la razón por la que yo viajo principalmente con ropa negra. Vestida de negro, puedo moverme confiadamente por los aeropuertos fin de semana tras fin de semana. Con la parte de arriba negra, aunque sude no se ve, puedo llevar rotuladores permanentes Sharpie sin temor, y puedo abrazar a mujeres que lloran sin preocuparme de que haya una transferencia de maquillaje. Mantener negro lo negro… es fácil. Mantener blanco lo blanco… no es tan fácil.

No hace mucho, se me olvidó por qué no viajo de blanco. Había sido un invierno largo en Colorado, así que cuando finalmente llegó la primavera, me puse unos pantalones mahones blancos para el fin de semana que pasaría fuera. Sintiéndome fresca, fui trotando hasta el automóvil. Mi amable anfitrión me entregó la que ahora es mi bebida favorita… un café triple con leche de coco y canela. Con una gozosa anticipación, saqué el palito para remover que funciona como un tapón, y presto, me manché. El resto de la bebida se terminó en el salpicadero del automóvil de alquiler. En cuanto llegué a la iglesia, intentamos limpiar la mancha de café con un lápiz antimanchas. Mientras veía los químicos tóxicos traspasar mis mahones hasta mi pierna, mis pantalones blancos se volvieron azules. Esperando que esta reacción química significara que la mancha se había ido, empapé mi muslo con gran cantidad de agua. La mancha de cinco centímetros de café ahora se había convertido en una mancha de casi veinte centímetros, la cual cubría casi toda la parte superior de mi pierna. Parecía que la mancha había desaparecido, pero una nunca puede estar segura hasta que los mahones no estén secos del todo. Mientras tanto, la parte de mis mahones que cubría mi muslo era transparente. Así vestida, subí a la plataforma.

En Cristo, hay fortaleza y resplandor.

Dios sabe que no podemos mantener una vida sin manchas, así que en Cristo se nos lavó la mancha. En Cristo, no hay manchas escondidas; en Cristo, no hay lápices antimanchas; en Cristo, no hay pantalones que al mojarse se transparentan y exponen los acolchados muslos. En Cristo, hay fortaleza y resplandor.

> *Porque siempre estuvo en su perfecto plan adoptarnos como sus agradables hijos, para que su asombrosa gracia que nos inunda le diera gloria, porque el mismo amor que tiene hacia su Amado Hijo, Jesús, lo tiene hacia nosotros* (Efesios 1:5-6 TPT, traducción libre).

¿Alguna vez te han invitado como una idea tardía? ¡A mí sí! O quizá te invitaron a algo porque el anfitrión se enteró de que sabías que no estabas incluida. De nuevo, ¡a mí también me ha sucedido! Eso no es lo que está ocurriendo aquí. Tú no eres un añadido, una idea tardía, ni alguien incluido a última hora. ¡Tú *siempre* has sido bienvenido!

Nuestra adopción en la familia de Dios se planeó desde el principio. Él no nos acercó porque sintió pena por nosotros o porque nadie más nos quería. Él se deleita en nosotros porque, en Cristo, Él ve lo que será, en lugar de lo que hemos sido.

Me encanta la imagen usada aquí… inunda. No puedo dejar de pensar en una catarata. ¿Alguna vez has estado debajo de alguna? El agua te cae encima con una fuerza desatada y en cantidades sin medida. Si la fuente del agua es abundante y la distancia que recorre el agua en su caída es mucha, habrá una llovizna. La llovizna de la tremenda gracia de Dios unge a los que se acercan mediante su amor. Y en caso de que nos viéramos tentados a imaginarnos esta catarata como un chorrito, el versículo siguiente elimina la posibilidad de pensar así:

> Como ahora estamos unidos a Cristo, hemos recibido los tesoros de la salvación por su sangre, la cancelación total de nuestros pecados, todo por las abundantes riquezas de su gracia (Efesios 1:7 TPT, traducción libre).

Gracia abundante. Fuera de Cristo, yo no merecería una gota de gracia y misericordia. Merecería solo el peso total y la mancha de muchos más pecados que los que pudiera recordar confesar. Eso es lo que yo soy sin Él.

Y sin embargo…

Su amor por nosotros es tan íntimo como el aire que respiramos y tan amplio como el viento que envuelve la tierra.

Su amor por nosotros es exclusivo y único.

Su amor por nosotros lo incluye todo. No hay parte de nosotros que se escape de su amor. Él nos ama sin excepción.

El amor es nuestra conexión con la realidad eterna de Dios. Cuando digo que el amor de Dios es inamovible, lo hago para asegurarte que no solo es inconmovible, sino también insistente. El amor de Dios nos persigue y demanda persistentemente nuestra atención. El amor de Dios se mantiene coherente en su actitud de perseguirnos. Él no podrá ser disuadido de su posición. Él está por nosotros. No importa cuán destructiva sea nuestra conducta, su amor por nosotros es indestructible. Podemos hacer guerra contra el amor de Dios, pero al final, es invencible.

El amor ganó

Actualmente, hay muchos hashtags #elamorgana.

El amor no puede *evitar* ganar porque Dios es amor. Debido a esta victoria eterna que ya se ha producido, es más correcto decir #elamorganó. Decir que el amor gana implica un triunfo presente o futuro. Quizá te preguntes por qué creo que el tiempo verbal es importante. Cuando estudio lo que está ocurriendo en todo el mundo, pudiera parecer que el hashtag adecuado sería #elodiogana. Es complicado ver algo más que destellos fugaces de amor. Pero al final, el odio no puede ganar porque el odio no es eterno… pero el amor sí. "El amor gana" implica fluidez, cuando en verdad la victoria del amor se fijó a favor nuestro antes del comienzo del tiempo. "El amor ganó" declara una victoria que ocurrió mucho antes de que nosotros existiésemos y, por lo tanto, claramente sin nuestra participación. "El amor ganó" no puede ser cancelado por nuestras acciones. Solo se puede afirmar mediante nuestra adoración.

El amor nos ganó antes de que nosotros amásemos.

Las palabras de "Reckless Love" (Amor temerario) plasman las acciones del inamovible amor de Dios:

> Antes de que yo dijera una palabra
> Tú cantaste sobre mí
> Tú has sido muy, muy
> Bueno conmigo
> Antes de que diera mi primer aliento
> Tú infundiste tu vida en mí
> Tú has sido muy, muy
> tierno conmigo
> Oh, el apabullante, inagotable y temerario amor de Dios
> Oh, me persigue, lucha hasta encontrarme, deja a las noventa y
> nueve
> Yo no podría ganármelo
> No lo merezco
> Aun así tú te entregas
> Oh, el apabullante, inagotable y temerario amor de Dios.

Cuando yo era tu enemigo, aun así tu amor luchó por mí
Tú has sido muy, muy
Bueno conmigo
Cuando no me sentía digno
Tú pagaste todo por mí
Tú has sido muy, muy
Tierno conmigo.

No hay sombra que no ilumines
Montaña que no subas
Para perseguirme
No hay pared que no derribes
Ni mentira que no desarmes
Para perseguirme.[2]

Amado Padre celestial,

Tu amor es extravagante. Gracias por sellarme en tu amor, por escoger amarme, por planear mi vida desde el primer aliento. Hoy, déjame escoger amarte como tú me has amado. Gracias por amarme lo suficiente como para eliminar inamoviblemente cada obstáculo entre nosotros. Derriba cada pared y mentira que se interponga entre nosotros. Amén.

EL ADAMANTE QUE AMAMOS

> El amor es la única fuerza capaz de transformar a un
> enemigo en amigo.
>
> Martin Luther King Jr.

Quiero compartir una historia contigo que capta tanto el íntimo amor como el cuidado constante de nuestro Dios Padre. Recientemente, fui a Irak. Me invitaron a hablar en un evento en Dubai y decidí que sería la oportunidad perfecta para visitar un ministerio llamado Preemptive Love (Amor Preferente).

Mi primer día allí acompañé a Jessica y Jeremy Courtney mientras visitaban grupos de refugiados yazidíes a los que estaban ayudando a reconstruir sus vidas después de que el ISIS los hubiera diezmado y desplazado. Como yo no hablo árabe ni ningún dialecto kurdo, lo único que podía hacer era verlos y escuchar mientras Jessica interactuaba con las mujeres y las familias que ella había contactado con un negocio de fabricación de jabón.

Aún recuerdo la reacción de estas preciosas personas. Se les iluminaba el rostro cuando veían a Jessica. A muchos niveles, ella representaba la esperanza; ella era alguien que creía en ellos. Le saludaban afectuosamente y le ofrecían toda la comida y bebida que tenían para compartir. Sus hogares eran tiendas improvisadas, salas de bloques de hormigón, contenedores y remolques de camiones. En la última parada de la noche, nos reunimos con catorce personas que se habían refugiado en un tráiler. Los niños corrieron para saludar a Jessica y rodearla, practicando frases en inglés para impresionarla.

No pude evitar observar a una niña que se retraía desviando su rostro. Cuando Jessica se sentó, las niñas se juntaron a su alrededor mientras ella mantenía una conversación con las mujeres refugiadas y unos pocos hombres. Pero esa niña se sentó aparte. Me enteré de que el ISIS había matado a su padre, y su madre no estaba. Me sentí atraída hacia ella. Le pregunté a Jessica por su historia y supe que había perdido un ojo por un tumor maligno. Mi corazón se aceleró. Le pregunté a Jessica si podía llamar a la niña para que se acercase, y si me traducía. Imagino que no tendría más de siete años. Ella vino titubeando y reticente, siguiendo las palabras y los ánimos de los que estaban presentes.

La subí en mi regazo, consciente de lo difícil y miedoso que sería que te llame una total desconocida.

Pero Sarah y yo teníamos más en común de lo que ella pensaba.

Le conté a Sarah que perdí mi ojo por un tumor cuando tenía cinco años. Ella se giró y me miró a la cara atentamente, buscando para ver si lo que yo decía era cierto. Entonces echó un vistazo a las caras de los que estaban en el tráiler. Yo me preguntaba si estaría diciendo: "Encontré a alguien que me entiende".

Tenía mi iPad en mi bolso. Le enseñé a Sarah fotos de mi familia mientras susurraba en su oído palabras que Jessica amablemente traducía.

"Sarah, tú puedes soñar. Sarah, tú puedes tener una familia. Sarah, tú puedes hacer todo lo que Dios ponga en tu corazón".

Quería que ella supiera que la pérdida de un ojo no significaba la pérdida de toda una vida.

Después de todo lo que ella había sufrido, quizá la pérdida de un ojo era algo pequeño. Sin embargo, yo no quería que eso le limitara y definiera.

Jessica no sabía que yo también había perdido un ojo. Ella explicaba lo difícil que era mantener limpio el ojo de Sarah. El ojo artificial estaba cubierto de polvo. Yo intenté tiernamente cerrar su párpado. No era posible. Ese ojo artificial estaba hecho para un adulto y era tan grande para ella que no le permitía cerrar el párpado. Jessica me explicó que les había costado mucho encontrar ese ojo para ella. Era lo mejor que pudieron encontrar en Irak.

Yo agarraba la mano de Sarah mientras volvíamos caminando al automóvil.

Ambas estábamos en silencio.

Esa noche mientras estaba acostada sin poder dormir en el sótano de la casa de los Courtney, mis pensamientos volvían a ella. Yo nunca sufrí el dolor de perder a un padre con una muerte tan violenta o sin sentido, ni supe lo que era dejar atrás todo lo que tenía. No podía hacer nada respecto a lo que le había sucedido, pero quizá sí podía hacer algo respecto a su ojo.

Pasaron unos meses y supe que Jessica estaba en los Estados Unidos. Indagué y me enteré de que, de hecho, estábamos las dos en California en el mismo evento. Resulta que mi oculista en Colorado Springs, Mitchell Mayo, había trabajado con niños yazidíes y conocía los matices del color de sus ojos. Él estuvo más que dispuesto a ayudarme y proveerme algunos ojos artificiales de tamaño de niño para Sarah.

Jessica y yo conectamos en California, donde grabé un saludo para Sarah que Jessica después interpretaría.

Esa tarde Jessica tenía una intervención. Yo escuchaba y lloraba mientras ella compartía cómo mi visita había tocado a Sarah. Al prestar atención a esa niña desolada, la había elevado al estatus de una princesa.

¿Acaso no es esto igual que nuestro Señor? Él visualiza a los que no quieren ser vistos y da a los que no tienen esperanza el permiso para soñar.

Jessica regresó a Irak con ojos para Sarah. Dejaré que las palabras de Jessica de Instagram cuenten la historia de lo que este regalo de un ojo hizo en la vida de Sarah:

> Sarah miraba mientras Lisa le decía que se acordaba de ella, que era hermosa, que podía hacer todo lo que quisiera, ¡y cuánto le ama Dios! Mientras yo le traducía el mensaje, las lágrimas brotaban y me preguntaba cuántas veces le habrían llamado preciosa, querida, que la recordaban y que era conocida.

Después Jessica puso la foto de la madre de Sarah cambiando el ojo antiguo por el nuevo. Sus familiares se arremolinaban, esperando ver cómo le quedaba. Su tío hablaba del amor y cuidado que se tenían. Su tía no podía contener la emoción por la gran diferencia que este pequeño detalle había producido. El último juego de fotografías mostraban toda la historia: Sarah con el tumor potencialmente fatal, Sarah con el ojo de plástico que pudo conseguir en Irak, Sarah con su ojo nuevo, y Sarah rodeada de familiares y amigos. Este es el diálogo de Jessica describiendo el cambio:

> Me gustaría que todos pudieran ver la diferencia en esta pequeña, la forma en que levanta su cabeza orgullosa y no se avergüenza de ponerse en una foto como lo hacía antes. O cómo ella dirigía la conversación ayer cuando nos juntamos a comer, y cómo yo ni siquiera la reconocí porque su conducta era totalmente distinta. El amor lo cambia todo, a esta pequeña y a comunidades enteras.

La bondad de Dios es constante, y su amor dura para siempre. Me hace sentir pequeña que Dios me permitiera visitar Irak aunque solo fuera para conocer a una niña que había perdido su ojo con el mismo tipo de tumor que yo tuve, para que ella conociera su amor.

El patrón del amor

Decir que mi madre y yo teníamos retos de relación es quedarme muy corta. Desde que yo recuerdo, había un trasfondo de tensión entre las dos. Durante la última década, siempre que la llamaba, la conversación rápidamente se convertía en un malentendido de algún tipo. E incluso ahora me resulta complicado recordar las duras palabras que nos dijimos.

Lo que recuerdo son las palabras que no dije.

Desearía haber sido más intencional para mostrarle y decirle que le amaba. Cuando se trataba de expresar amor, mi madre y yo hablábamos lenguajes tan distintos

> Lo que recuerdo son las palabras que no dije.

como el italiano y el inglés. Tristemente, rehusé hacerme bilingüe hasta mucho más tarde. Sí, en el último mes de su vida dije todas las cosas que yo hubiera deseado tener. Le dije que le amaba. Le pedí perdón por cualquier agravio, grande o pequeño. Me recosté sobre su cama en el hospital y sostuve su frágil cuerpo, con cuidado de no quitar los tubos y cables que la ataban a su marco de metal. Ella se inclinó y me susurró un indulto. Fue entonces cuando el dique se rompió. Ambas lloramos, abrumadas por saber que nos quedaba muy poco tiempo para vivir este amor a este lado de la eternidad. En menos de un mes, ella partió.

La promesa de la eternidad ha suavizado el golpe de esta realidad. Pero incluso así, el remordimiento puede ser un duro capataz. En el pasado, he respondido a sus acusaciones y lamentos poniendo excusas o culpando a otros. Pero con los años, he adoptado un enfoque distinto y a veces más difícil: responsabilizarme de mis errores. Al principio, esto demostró ser una opción más dolorosa porque pone la herida al frente. Aunque sea así, valiente… hazlo. Te prometo que te ahorrará mucho dolor innecesario a largo plazo.

La verdad es que debería haber amado a mi madre mejor y antes. Estaba en la posición más fuerte para amarla bien, y no lo hice. Aunque no puedo cambiar el pasado, me quedo con claras decisiones que continúan.

Puedo sentirme mal y la tristeza se quedará conmigo, o puedo dar la vuelta a mis errores convirtiéndolos en lecciones para otros. Verás, cuando te responsabilizas de un error, ya no se adueña de ti. Aprende de mí. Nunca lamentarás las buenas palabras, la amabilidad o actos de generosidad, pero lamentarás el amor que nunca diste.

◇

> Cuando te responsabilizas de un error, ya no se adueña de ti.

Amen bien, queridos amigos, y vivirán bien. El amor es nuestro agente de transformación. Nuestro Padre celestial, que es inamovible en su amor por nosotros, es igualmente inamovible en que nosotros nos amemos unos a otros. Hay muchas personas a las que ahora llamamos enemigos que en realidad son solo personas heridas que están desesperadas por ser amadas. Como seguidores de Cristo, no tenemos la opción de no amarles. Amarnos unos a otros fue un mandato y no una sugerencia. *"Este es mi mandamiento: Que os améis unos a otros, como yo os he amado"* (Juan 15:12).

Estas cinco palabras son el reto: *"como yo os he amado"*.

Jesús es nuestro patrón.

Yo cometí el error de amar a mi madre como respuesta al patrón de como ella me amó a mí. Durante la mayor parte de mi vida, mi madre y yo hicimos el difícil baile de dar dos pasos hacia delante y después dos pasos atrás, con lo cual ninguna de las dos íbamos a ninguna parte. Un año antes de su muerte, me dijo que la tensión entre nosotras no era culpa mía. Me explicó que ella nunca había conectado conmigo. Sus palabras me dolieron, aunque creo que las dijo para ayudarme. Creo que esperaba que el admitirlo me liberase.

Ahora sé que esta falta de vínculo maternal no importa. Estamos unidos en Cristo.

Qué distinto habría sido todo si yo hubiera amado como Jesús me ama.

Entonces, ¿qué significa seguir un patrón? Para responder, voy a regresar a la secundaria. Era entonces cuando se nos pedía tomar la clase de economía del hogar, lo cual incluía una breve incursión en la costura. Los patrones que usábamos estaban hechos de un papel de seda marrón clarito con líneas sólidas y punteadas por donde dirigir nuestra tijera y aguja. La idea era trazar el patrón para la persona antes de cortar la tela.

Más adelante, cuando hacía las cosas por mí misma, leía las instrucciones y estudiaba los patrones buscando atajos. Quería terminar rápido, así que me saltaba terminar las uniones. Y todos ustedes que son inteligentes saben lo que ocurrió. La ropa tenía buen aspecto durante un tiempo, pero no tardaba mucho en descoserse y se hacían agujeros. Tanto en el amor como en la costura no hay atajos… se nos pide que sigamos el patrón.

Cuando se trata de amar a otros, muchos de nosotros no hemos terminado nuestras uniones porque no queríamos tomarnos el tiempo necesario para preparar la tela de nuestras relaciones. Cerramos las grietas e hicimos que se viera bien por fuera, pero por dentro era un lío de hilos sueltos y telas estiradas. Buscando atajos, pusimos excusas, como: "Yo no puedo amar bien, no me crié en un hogar cristiano".

Ama como Jesús te ama. Esto puede parecer algo abstracto a veces. Es difícil encontrar ejemplos concretos en la Biblia para nuestro viaje diario. Esto es lo que yo he aprendido: no me equivocaré mucho si amo a otros como a mí me gustaría que me amasen.

No estamos limitados a lo bien que nuestros padres nos amaron. Estas son buenas noticias. Al final, ellos no son nuestro ejemplo de cómo amar. Jesús sí lo es, y su ejemplo está disponible para que todos lo sigamos. Jesús amó a las personas diciéndoles la verdad, viviendo la verdad, liberando a los cautivos y sanando a los enfermos, revelando así el corazón del Padre en cada lugar donde iba.

Ama diciendo la verdad

Hay veces en que amar significa decirle a alguien lo que le falta. Todos tenemos vacíos en nuestras vidas y puntos ciegos que no podemos ver. Cuando se lo pedimos a Jesús, Él nos dirá la verdad sobre nosotros mismos para que nuestro corazón pueda ser veraz.

Cuando un joven rico e influyente le preguntó a Jesús qué tenía que hacer para heredar la vida eterna, Jesús respondió en amor:

> *Entonces Jesús, mirándole, le amó, y le dijo: Una cosa te falta: anda, vende todo lo que tienes, y dalo a los pobres, y tendrás tesoro en el cielo; y ven, sígueme* (Marcos 10:21).

El "una cosa" de este hombre lo era todo. Jesús sabía lo que era necesario para liberar el corazón encarcelado de este joven. Tu "una cosa" podría ser perdonar a alguien o confiar en que a Dios le importa. Sea lo que sea, el Espíritu Santo sabe lo que se necesita para liberar tu corazón. Como muchos de nosotros, este joven estaba lleno de potencial, pero había puesto su tesoro en el lugar erróneo. Su tesoro debía transferirse al lugar donde su corazón deseaba estar… en la eternidad. Jesús le vio, le amó, escuchó el clamor de su corazón y le dijo la verdad.

> El amor habla para que le escuchen.

El amor aparece en nuestras palabras; es evidente tanto en lo que decimos como en lo que escogemos no decir. El amor aparece en nuestros tonos. Todos hemos dicho lo correcto con el espíritu equivocado. Yo incluso me las he arreglado para decir lo incorrecto con el espíritu correcto, lo cual sigue siendo algo *no bueno*.

El amor habla para que le escuchen.

A veces el amor es un susurro, y otras veces el amor alza un grito apasionado. Cuando amamos… este encontrará su voz.

El amor levanta a otros

Otras veces amar significa exponer cómo la religión ha torcido las palabras y la intención del Padre. Echemos un vistazo a Lucas 13:

> *Enseñaba Jesús en una sinagoga en el día de reposo; y había allí una mujer que desde hacía dieciocho años tenía espíritu de enfermedad, y andaba encorvada, y en ninguna manera se podía enderezar* (vv. 10-11).

Durante dieciocho largos años, años de opresión, un espíritu de enfermedad había reducido la postura de esta mujer. Este no era un punto ciego; ella sabía que estaba encorvada. Quizá le habían dicho que lo intentara con más fuerza, que orase más, que se arrepintiera del pecado. Ella sentía la vergüenza. Quería desesperadamente erguirse, pero no encontró la manera de hacerlo. Sabía que su presencia hacía que los líderes de la sinagoga estuvieran incómodos, pero durante dieciocho años siguió acudiendo. Sabía que Dios era su única esperanza. Quizá tú sepas exactamente cómo se sentía ella.

El joven rabino, Jesús, estaba enseñando. Ella oyó sus palabras aunque su posición encorvada limitaba su punto de observación. Sus palabras penetraron hasta su alma… las lágrimas mojaron su rostro abatido. Él hizo una pausa. Ella no lo sabía aún, pero el Amor acababa de fijarse en ella. ¿Qué estaba ocurriendo? ¿Le estaba hablando a ella? Ella torció su cabeza a un lado para ver. Sus ojos estaban escuchando la profundidad de su alma. Las personas a su alrededor se apartaban a medida que ella arrastraba los pies hacia delante en medio de los susurros.

> *Cuando Jesús la vio, la llamó y le dijo: Mujer, eres libre de tu enfermedad. Y puso las manos sobre ella; y ella se enderezó luego, y glorificaba a Dios* (vv. 12-13).

Él no preguntó si ella quería libertad. No pidió permiso a los líderes religiosos. Él tocó su espalda encorvada. El corazón de ella se aceleró al sentir la fortaleza en su cuerpo. Su pecho se abrió, su espina dorsal endurecida volvió a ser flexible de nuevo, se irguió hasta alcanzar toda su altura y estiró sus manos hacia el cielo. Gritos espontáneos de alabanza salieron de sus labios.

Cuando el Amor le vio, le llamó, declaró libertad, liberación y esperanza, y después le tocó. Como sabemos que Jesús hacía solo lo que veía hacer a su Padre, esta sanidad es una bella muestra del corazón de nuestro Padre. Tristemente, no todos compartieron su alegría.

> *Pero el principal de la sinagoga, enojado de que Jesús hubiese sanado en el día de reposo, dijo a la gente: Seis días hay en que se debe trabajar; en éstos, pues, venid y sed sanados, y no en día de reposo (v. 14).*

Una mujer se estaba regocijando y un líder estaba gritando. ¿Trabajo? ¿Cuándo la sanidad se convirtió en un trabajo de hombres? ¡Siempre había sido un trabajo de Dios! ¿Qué mejor lugar para una sanidad que la sinagoga? El amor había interrumpido su patrón religioso. Jesús respondió:

> *Hipócrita, cada uno de vosotros ¿no desata en el día de reposo su buey o su asno del pesebre y lo lleva a beber? Y a esta hija de Abraham, que Satanás había atado dieciocho años, ¿no se le debía desatar de esta ligadura en el día de reposo? (vv. 15-16)*

La liberación de esta hija pisó de lleno sus dedos de religiosidad. ¿Crees que Dios quiso alguna vez que un buey o un asno recibieran un trato mejor que sus hijos? El día de reposo es para el descanso y la restauración. ¡Toda forma de opresión obra en contra del propósito de Dios para el día de reposo! Ella era una hija de Abraham. El corazón de Dios fue movido a la acción porque Dios es inamovible cuando se trata de la liberación de sus hijos cautivos.

> *Al decir él estas cosas, se avergonzaban todos sus adversarios; pero todo el pueblo se regocijaba por todas las cosas gloriosas hechas por él (v. 17).*

Tristemente, hay veces en que es difícil amar a la religión y a las personas a la vez. Si te encuentras en esta encrucijada, escoge amar a las personas en vez de amar el dogma de la doctrina. El amor tiene la capacidad de vencer mentiras y superar la decepción, pero odiar y juzgar a las personas los alejará. La fe actúa por amor. Hay veces en que amar significa decir la verdad y otras veces cuando amar significa ser la verdad. En este pasaje, Jesús hizo ambas cosas. Al liberar a esta hija atada, Jesús ejemplificó el amor de Dios por las personas antes que por las políticas o la práctica religiosa.

> Así como la fe sin obras es muerta, las obras sin amor no tienen sentido.

Así como la fe sin obras es muerta, las obras sin amor no tienen sentido.

Acción sin amor

*Si yo hablase lenguas humanas y angélicas, y no tengo amor, vengo a ser como metal que resuena, o címbalo que retiñe. Y si tuviese profecía, y entendiese todos los misterios y toda ciencia, y si tuviese toda la fe, de tal manera que trasladase los montes, y no tengo amor, **nada soy.** Y si repartiese todos mis bienes para dar de comer a los pobres, y si entregase mi cuerpo para ser quemado, y no tengo amor, **de nada me sirve*** (1 Corintios 1:1-3).

Existen varias buenas razones mencionadas en los versículos de arriba que están incompletas sin el factor amor. Incluyen voz, conocimiento, fe y generosidad. Cualquier don o talento que poseamos debería dirigir a otros a nuestro generoso Señor, en vez de atraerlos a nosotros mismos. Si recibieras el mejor regalo que pudieras imaginar, una casa, un automóvil, o la cancelación de tu préstamo de estudios, ¿cómo te sentirías y responderías el día que te dieran la llave o el dinero? ¿Acaso no sería algo natural que abrazaras y dieras las gracias a la persona que te lo dio? ¿Hay algo bueno que tengamos que Dios no nos lo haya dado? Ni una sola cosa. Lo cual nos lleva a la razón por la cual nuestra actitud es la gratitud, dar todo lo que tenemos… incluso nuestra propia vida. Pero sin amor, nuestros regalos no aportan nada.

Hablemos de estos regalos que Pablo menciona, comenzando con el poder de la voz.

Voz

Vivimos en un tiempo que está inundado de comunicadores dinámicos, persuasivos y encantadores. Llegan en todo tipo de forma y función; hay muchas voces compitiendo por ser escuchadas en muchos frentes. Es difícil saber qué hay detrás de todas esas frases, escritos o retransmisiones. El discernimiento comienza atendiendo primero el terreno de nuestro corazón. Cuando hablamos, necesitamos hacernos algunas preguntas difíciles.

"¿Estoy hablando desde un lugar de amor, o quiero que me vean y oigan?". Todos queremos que nos oigan. Todos tenemos el derecho a ser escuchados, pero cuando hablamos desde el dolor, el orgullo, o desde la búsqueda de popularidad, ser oído se convierte en su propia recompensa.

Atender nuestros corazones significa que la motivación del amor no se pierda en la traducción. Pablo nos advierte que sin importar cuán profundas o divinamente inspiradas puedan parecer nuestras palabras, sin el factor amor serán como un sonido metálico que molesta.

Solo Dios conoce el lugar desde donde hablamos. Del mismo modo que Él ve más allá de nuestra apariencia y ve nuestro corazón, Él escucha más que nuestras palabras... Él escucha el sonido de la fuente de la que proceden. Él escucha los tonos melódicos o discordantes en lo que decimos. La frase más sencilla entrelazada en amor es una sinfonía. Estas dos palabras... Lo siento... son incomparablemente bonitas para Él, mientras que el discurso más elocuente entrelazado con orgullo es como el roce de las uñas en una pizarra o el chillido de un hada llorona.

El siguiente pasaje de Hechos 12 es un buen ejemplo:

> *Y un día señalado, Herodes, vestido de ropas reales, se sentó en el tribunal y les arengó. Y el pueblo aclamaba gritando: ¡**Voz de Dios,***

y no de hombre! Al momento un ángel del Señor le hirió, por cuanto no dio la gloria a Dios; y expiró comido de gusanos (vv. 21-23).

¡Uf! La adoración está reservada solo para Dios. Cuando Herodes vestido de ropas reales cometió el error de compartir la gloria de Dios, llegó a su fin. En un instante, fue golpeado por un ángel y consumido por los gusanos. ¡Qué forma tan espantosa de acabar! Muchos profesionales de la salud dicen que la mayoría de nosotros tenemos alguna presencia de parásitos… lo sé, perdón. Si esto es cierto, entonces lo que no se veía en su interior acabó con él. A la luz de esto, no es de extrañar que los apóstoles estuvieran prestos en rasgarse las vestiduras y revelar su humanidad siempre que les confundían con alguna divinidad. En Hechos 14:14-15 leemos:

> *Cuando los apóstoles entendieron lo que estaba sucediendo, se mortificaron y rasgaron sus vestiduras como señal de consternación. Se apresuraron hacia la multitud y gritaron: "Ciudadanos, ¿qué están haciendo? Nosotros somos solo seres humanos débiles como cada uno de ustedes. Por eso hemos venido a decirles las buenas nuevas, para que se alejen de estos mitos indignos y se vuelvan al Dios vivo. Él es el creador de todas las cosas: la tierra, los cielos, el mar y todo lo que hay en ellos"* (TPT, traducción libre).

Es interesante destacar que cuando miramos atrás unos cuantos versículos en Hechos 12 y vemos el contexto del discurso de Herodes, vemos que Herodes no solo dio un gran discurso, sino que también estaba anunciando una acción de buena voluntad. Herodes no se llevaba bien con Tiro y Sidón, y como resultado de ello, había cortado su suministro de alimentos. Había llegado una delegación de Tiro y Sidón para negociar la paz y habían encontrado un aliado en Blasto, el asistente personal de Herodes. Las dos ciudades necesitaban alimentos desesperadamente. El discurso de Herodes anunciaba la reconciliación. El cambio significaba la paz y un regreso a la prosperidad. Herodes había sido persuadido, pero sus motivos no eran puros.

Conocimiento

El siguiente regalo mencionado en 1 Corintios es la maravillosa capacidad de predecir el futuro, resolver los secretos de la vida y poseer todo el conocimiento. Con todo lo beneficiosos que son y por muy benéficos que pudieran parecerle al mundo en general, no añaden valor alguno a aquel que no ama. Primera de Corintios 8 describe la tensión que puede existir entre el amor y el conocimiento:

> El "conocimiento" envanece, pero el amor edifica. Y si alguno se imagina que sabe algo, aún no sabe nada como debe saberlo. Pero si alguno ama a Dios, es conocido por él (vv. 1-3).

Y para destacar aún más la relevancia de esta lucha, también he sacado estos versículos de la TPT:

> ¡Con qué facilidad nos envanecemos en nuestras opiniones! Pero el amor edifica la estructura de nuestra propia vida. Si alguien piensa de sí mismo que lo sabe todo, aún tiene mucho que aprender. Pero si una persona ama a Dios apasionadamente, poseerá el conocimiento de Dios (traducción libre).

Conocer bien a Dios siempre debería traducirse en amar bien a otros.

Si el conocimiento que poseemos no está edificando a otros, es tiempo de revisar nuestras motivaciones. Saber más es una oportunidad de amar más. Conocer bien a Dios siempre debería traducirse en amar bien a otros.

Durante los últimos años, varias hijas espirituales me han contactado. No venían a mí buscando conexiones o conferencias a donde asistir para hablar. Me invitaron a hablarles a sus vidas sobre asuntos del amor y de la vida. No había razón para que cometieran todos los errores que yo ya había cometido. Con ese fin, usé todo el entendimiento que había obtenido para elevarlas más alto. El amor eleva el corazón… sin volarte la cabeza. La educación y la experiencia no son placas de mérito que nos dan permiso para hacer que otros sientan que son menos que nosotros. Así es como los maestros de la ley y los fariseos usaban el conocimiento. El conocimiento sin amor tiene poco mérito.

Un mayor conocimiento de quiénes somos en Cristo comienza a obrar vida en nosotros a medida que levantamos a otros. La dinámica de "conocer como debemos conocer" significa amar a otros de la forma en que Cristo les ama.

El amor nunca menosprecia.

El amor nunca alardea.

El amor ataca la fortaleza que nos mantiene cautivos.

El amor no ataca al cautivo; el amor libera al cautivo.

Podemos saber acerca del amor sin estar amando, así como se puede aceptar el concepto del amor sin aceptar a las personas.

Estamos llamados a amar a *todos*. No podemos escoger amar solo a quienes son y actúan como nosotros. Debemos amar a los que discrepan de nosotros. Esto no significa que seamos transigentes con nuestras creencias o que confundamos a otros con nuestras acciones. De algún modo, nuestra cultura ha equiparado amar con aprobar. Hay veces en que el acto de amor más grande que podemos mostrar es estar pacíficamente en desacuerdo. Esta es la cuerda floja de nuestro tiempo. Debemos escoger diariamente vivir con una sensible conciencia de las demás personas.

En vez de ser definido, el amor debería ser demostrado. No es difícil reconocer el amor cuando lo vemos. El amor no es un sentimiento; es un estilo de vida. De muchas maneras, el amor es el mayor hábito que cualquiera de nosotros podría desarrollar.

Acercándose uno de los escribas, que los había oído disputar, y sabía que les había respondido bien, le preguntó: ¿Cuál es el primer mandamiento de todos? Jesús le respondió: El primer mandamiento de todos es: Oye, Israel; el Señor nuestro Dios, el Señor uno es. Y amarás al Señor tu Dios con todo tu corazón, y con toda tu alma, y con toda tu mente y con todas tus fuerzas. Este es el principal mandamiento. Y el segundo es semejante: Amarás a tu prójimo como a ti mismo. No hay otro mandamiento mayor que éstos. Entonces el escriba le dijo: Bien, Maestro, verdad has dicho, que uno es Dios, y no hay otro fuera de él; y el amarle con todo el corazón, con todo el entendimiento, con toda el alma, y con todas las fuerzas, y amar al prójimo como a uno mismo, es más que todos los holocaustos y sacrificios. Jesús entonces, viendo que había respondido sabiamente, le dijo: No estás lejos del reino de Dios. Y ya ninguno osaba preguntarle (Marcos 12:28-34).

Incluso hoy, de muchas formas, no estamos lejos del reino de Dios. Lo vemos a la distancia, y a la vez hay un abismo entre lo que creemos y cómo se comporta la Iglesia. El amor es la respuesta que pone fin a todas las preguntas. Es la solución a todos los problemas.

No debáis a nadie nada, sino el amaros unos a otros; porque el que ama al prójimo, ha cumplido la ley (Romanos 13:8).

El amor cumple la ley. El amor nos libera de todas las deudas emocionales, físicas y sociales. Solo poseemos aquello que nos han dado de manera totalmente gratuita… el amor.

Velad, estad firmes en la fe; portaos varonilmente, y esforzaos. Todas vuestras cosas sean hechas con amor (1 Corintios 16:13-14).

Las ideas en estos dos versículos de 1 Corintios están relacionadas. Se necesita madurez, fe, coherencia, vigilancia y fortaleza para asegurarnos de que lo que hacemos, lo hacemos en amor.

El amor nos mueve a actuar. Recientemente estaba en un concierto donde había la oportunidad de apadrinar a un niño mediante la organización Compassion. Como organización, estamos asociados con huérfanos de forma regular. Esta vez sentí la necesidad de responder personalmente. Levanté mi mano y recibí un paquete. Busqué en su interior y me di cuenta de que tenía en mi mano la fotografía de una niña que cumple años el mismo día que yo. ¿Cuáles eran las probabilidades? Su foto ahora está puesta en mi estantería encima de mi computadora portátil. Ese acto de amor ha sido como un beso en la mejilla de parte de mi Padre.

Cada día es otra oportunidad para amar.

Y como Dios ama a las personas, Él nunca quiere que nuestra libertad impida que su amor llegue a otros. El amor tiene en cuenta cómo afectan nuestras decisiones a otros. En 1 Corintios 8, Pablo da una larga explicación de la revelación de que aunque los ídolos no son nada, comer alimentos sacrificados a los ídolos puede potencialmente ofender a nuevos creyentes que no tienen aún esta revelación. En los versículos 11 y 12, él explica el fruto de la revelación sin el amor:

> *Así pues, al ejercitar su entendimiento de la libertad, han arruinado a este débil creyente, un hermano por el que Cristo ha muerto. Y cuando ustedes ofenden a creyentes más débiles al herir sus conciencias de esta forma, ¡también ofenden al Ungido!* (TPT, traducción libre)

Y ¿cuál fue la respuesta del amor a todo esto?

> *Así que concluyo con que si el hecho de que yo coma ciertos alimentos ofende en gran manera a mi hermano e impide que él avance en Cristo, nunca los volveré a comer. No quiero ser culpable de hacer que mi hermano o mi hermana sea herido y derrotado* (1 Corintios 8:13 TPT, traducción libre).

Este versículo personifica cómo el amor escoge vivir *considerando* a otros. El conocimiento por sí solo diría: "Como el ídolo no es nada, soy libre para comer como quiera. Yo no soy responsable de la reacción de mi hermano". Cuando el conocimiento se empareja con el amor, buscará formas de avanzar las vidas de otros. Esta pareja dice: "Sé que el ídolo no es nada, pero para mi hermano y mi hermana es algo. Me preocupan más

> Cada día es otra oportunidad para amar.

ellos que mi derecho a ejercer la libertad. Nunca quiero que mis acciones de libertad les pongan en riesgo". El amor se sujeta a sí mismo para edificar a otros.

> ### El amor nunca hace uso de su libertad para herir al débil.

Habiendo dicho esto, amar no significa que vivamos *controlados por* los temores y opiniones de otros. Más bien, el amor vive siendo consciente. El tema de comer alimentos sacrificados a los ídolos es desconocido para nosotros en nuestra cultura, pero en la iglesia primitiva era un asunto muy real y sensible. A los nuevos convertidos en Grecia se les hacía difícil reconciliar sus antiguos rituales con su nueva vida. Quienes tenían una revelación del Dios verdadero se dieron cuenta de que amar significaba honrar la sensibilidad de otros. El amor nunca hace uso de su libertad para herir al débil.

Fe

C. S. Lewis dice: "No malgaste el tiempo perturbándose con si 'está amando' a su prójimo; actúe como si lo hiciera. En cuanto hacemos esto encontramos una de los mayores secretos. Cuando nos comportamos como si estuviésemos amando a alguien, enseguida llegaremos a amarlo".[1]

Cuando amamos por fe, y amamos en fe, el mundo herido ve el corazón del Padre. Es más importante amar que ser amado. La medida más veraz de nuestra fe no se encuentra en lo bien que somos amados, sino en lo bien que amamos. Sí, todos queremos ser amados. Cuando recibimos el inamovible amor del Padre por nosotros, entonces estamos en una buena posición en Él para amar a otros. Para amar así se necesita fe. Sabemos que la fe es la certeza de lo que se espera. Todos esperamos amar y ser amados, pero ninguno de nosotros puede amar de verdad sin fe. Gálatas 5:6 nos dice: *"porque en Cristo Jesús ni la circuncisión* [la ley] *vale algo, ni la incircuncisión,* **sino la fe que obra por el amor"**.

96

No sirve de nada intentar separar la fe y el amor… están íntimamente entrelazados para siempre. Dios sabía que sería imposible seguir a Cristo y amar como Él ama en nuestras fuerzas o habilidad, así que nos dio a cada uno una medida de fe. El amor no es para el débil de corazón. La fe significa que podemos amar aún cuando no sentimos amar.

> Han oído la ley que dice: "Ama a tu prójimo" y odia a tu enemigo. Pero yo digo: ¡ama a tus enemigos! ¡Ora por los que te persiguen! (Mateo 5:43-44 NTV)

A primera vista, el enfoque del Antiguo Testamento tiene todo el sentido: odia a tu enemigo y ama a tu prójimo… hecho. Pero ahondemos un poco más. Si llevas casado más de un año, probablemente sepas que hay veces en que se necesita la fe para amar a tu cónyuge. Cuando John y yo nos casamos, teníamos disputas ridículas por la noche. Agotados, nos íbamos a la cama acostándonos lo más lejos posible del otro, y concluíamos nuestra noche con un: "¡Te perdono por fe!".

En ese entonces, era nuestra forma de decir: "Sé que debería perdonarte, pero no estoy preparado para soltarlo, así que estoy haciéndolo por fe". Yo no estaba echando mano de la fe; solo era una pulla religiosa a mi esposo. Mi corazón estaba en el lugar erróneo, pero es posible que el principio fuera correcto.

Perdonar a alguien por fe es un voto de confianza de que vienen días mejores. Es también un acto de rendición. Recibimos el perdón por la fe, y por lo tanto podemos dar el perdón por la fe.

Si eres parte de una familia, habrá momentos en los que tendrás que amar a tus hermanos por fe. Si vas a la iglesia, cualquier iglesia, en cualquier lugar, habrá personas en la congregación a los que tendrás que amar por fe. ¡Tengo amigas a las que amo por fe! (Y por fortuna, ellas hacen lo mismo conmigo). Pero el amor de Jesús no se detuvo con nuestro prójimo.

Jesús fue más allá del ámbito de lo difícil y abrió la puerta del todo hasta lo imposible. Nos dijo que amásemos a nuestros enemigos.

Todos tenemos enemigos. Me gustaría que no fuera así, pero los enemigos son parte de la vida. Saber esto no hace que sea más fácil amarlos. Amar a un enemigo definitivamente demanda fe. No es fácil poner la otra mejilla cuando la mano de un enemigo está lista para golpearte otra vez. La primera bofetada puede haber sido inesperada, pero cuando sabes que viene, se necesita la fe para no bloquear el siguiente golpe o para no devolver la bofetada, especialmente si eres medio siciliana.

Se necesita la fe para bendecir a quienes por celos o rencor deciden maldecirte, hacerte daño o criticarte (Estos principios sirven tanto para la vida real ¡como para las redes sociales!). Se necesita fe para hacer bien a los que te odian. Y se necesita fe para orar con cierta cantidad de sinceridad por los que te usan o persiguen. No te estoy animando a que permitas que los abusadores se ceben contigo, ¡no lo hagas! Te estoy diciendo que les ames desde una distancia segura por fe, mediante la oración. Jesús nos amó a todos, pero no confundas amar bien con fiarte de todos.

Ayuda ser consciente de que no estamos luchando con lo que vemos, sino con las fuerzas de las tinieblas invisibles. Y también ayuda saber que no luchamos solos.

Apoyándome en la profunda sabiduría de mi software Logos, pude compilar una buena definición de amor encontrada en la palabra griega *agape*: es escoger acciones de amor aún cuando no son merecidas y están unidas al rechazo y la decepción. El amor funciona independientemente de nuestras preferencias o inclinaciones. Esta definición es la base fundamental del amor.

> **Nuestro amor abre sus corazones al amor de Dios.**

Las personas sienten cuando les amamos, y nuestro amor abre sus corazones al amor de Dios. Ellos saben cuándo el amor se fija en ellos o si simplemente queremos cambiarles. Al haber recibido un amor tan inamovible de nuestro Padre, debemos amar como hemos sido amados.

Sin miedo: porque en el amor no hay temor.

Sin interés: porque el amor no es egoísta.

Libres de ofensa: porque el amor no se ofende fácilmente.

Triunfantes: porque el amor nunca falla.

Inagotablemente: porque el amor es eterno.

Si las naciones amaran a su prójimo como a sí mismas, entonces las naciones no se levantarían contra otras naciones. No habría guerras ni incluso rumores de guerra. La mayoría de nuestros desafíos surgen cuando intentamos establecer la paz fuera del ámbito del Príncipe de Paz.

Durante demasiado tiempo, nuestra nación ha sido azotada por un espíritu de racismo. Todo prejuicio crece con la ira y la ignorancia, pero no pienses que el espíritu que hay detrás es estúpido. Tiene un propósito estratégico y un origen tan antiguo como el jardín del Edén. Cuando Adán y Eva cayeron, sus acciones pusieron en marcha una serie de divisiones. Una de ellas se desarrolla como el hermano contra el hermano. El racismo es un plan de la serpiente. No se le debe dar lugar ni tolerancia. Todo cristiano en todo lugar debe denunciar toda forma de racismo, y hacer todo lo que esté en su mano para acabar con él.

Generosidad

Finalmente, en 1 Corintios 13:3 Pablo enumera actos de generosidad absolutos, como dar *todas* nuestras posesiones a los pobres y el acto impensable de someter nuestro cuerpo a las llamas del agonizante martirio, y le dice a la iglesia que si estos actos no están motivados por el amor, no le aportarán nada al que los hace.

Está dejando este punto claro:

Todo — Amor = Nada

Sin amor, no somos nada.

Sin amor, no sumamos nada.

Dios es inamovible en que el amor sea la razón detrás de todo lo que hagamos.

---◇---

> Dios es inamovible en que el amor sea la razón detrás de todo lo que hagamos.

Este es un cuadro aleccionador. Con toda sinceridad, solo la eternidad pesará con precisión nuestros motivos en este asunto. Yo admito de inmediato que mi propia vida puede tener un alarmante montón de palabras y hechos desprovistos de valor eterno. No hay razón por la que no debas aprender de mis errores. Como el diamante que se evapora bajo el intenso aumento de calor y oxígeno, nuestras obras un día serán refinadas por la intensa luz de la presencia de Dios cuando nuestros motivos sean revelados.

Los diamantes no son para siempre

Mientras mis manos están sobre el teclado, hay un anillo de diamante distinto en mi mano izquierda. De algún modo durante el transcurso de mi alocada vida, me las arreglé para romper el primero. Así que en Sicilia el día de mi cuarenta y ocho cumpleaños, John me sorprendió de nuevo, esta vez con un diamante con forma de óvalo.

Un defecto finalmente fracturó mi piedra con forma de lágrima. Estaba a punto de desprenderse de su sitio cuando se lo entregué a la compañía de seguros. Pero me sentí tan sentimental con ese diamante que volví a comprar la piedra astillada. Espero un día poder cortar el diamante fracturado y hacer uno nuevo para mis nietas a fin de que pueda comenzar una nueva historia.

Treinta y cinco años es mucho tiempo de matrimonio.

No pretendo haber amado a mi esposo de manera perfecta… no lo he hecho.

Tuvimos etapas difíciles en las que ambos perdimos las esperanzas. Nos dijimos palabras duras y hubo tiempos prolongados en los que nuestro amor parecía un diamante roto. Tiempos en los que yo miraba nuestro amor y no veía resplandor ni promesas, sino solo bordes ásperos. Pero no nos quedamos en nuestra desesperación. Crecimos.

Seguimos sin ser perfectos, pero estamos fuertes y saludables. Estamos inamoviblemente comprometidos a amarnos bien el uno al otro. Pedimos ayuda y vamos a consejería para conseguir herramientas y sabiduría. Este concepto de bien significa que cuando cometemos errores, avanzamos escogiendo aprender de ellos. Al madurar, hemos asegurado nuestro compromiso de amar en vez de que el conflicto defina nuestra relación. Nadie gana cuando acumulamos las deudas y demandamos que el otro nos pague.

Durante el transcurso de los años, hemos escogido sacar las lecciones que el amor nos ha enseñado de nuestras infracciones. Como en cualquier relación, hay veces en que John tenía más culpa y otras en las que yo tenía más. Las relaciones nunca deberían consistir en descompensar la balanza en una dirección o en la otra para medir la falta. Es muy raro que haya un tiempo o una relación en la que se me pueda culpar por amar demasiado. Siempre hay espacio para crecer cuando se trata de amar.

Quiero amar más a mi esposo, en vez de estar más enamorada de él. (De acuerdo, eso también sería bonito). He aprendido que es peligroso permitir que mis sentimientos dirijan mis acciones. Como un perro con una correa, nuestros sentimientos deben ser entrenados para que sigan a nuestras acciones. Lo cual en definitiva significa que el amor es una decisión.

John quiere amarme bien. Queremos mostrar nuestro amor por Dios amándonos bien el uno al otro. Aún cuando ambos tenemos este deseo, no se lleva a cabo poniendo demandas sobre el otro. Aprendí esta lección muy pronto en la vida.

Mis padres tuvieron un matrimonio muy difícil. Recuerdo llegar a casa de la escuela y ahí en la puerta de la nevera en medio de cupones, horarios escolares y nuestra lista de tareas, había un contrato. Era una lista detallada de todos los cambios que mi madre esperaba de mi padre. Apoyándose en su experiencia como agente inmobiliaria, había creado lo que parecía ser un documento legalmente vinculante. Incluso había una fecha máxima en la que la conducta de mi padre tenía que haber cambiado. Los dos habían firmado el documento. Mi madre había llegado a un punto crítico, y sus reglas se considerarían razonables en un matrimonio saludable. Pero el matrimonio de mis padres estaba profundamente herido. ¿He dicho ya que mi padre era alcohólico y 100 por ciento siciliano? El documento estaba a vista de todos incluso cuando los amigos o la familia llegaban a casa de visita.

Yo no tuve que esperar el tiempo designado. Incluso con doce años, sabía que mi padre fallaría a propósito y que mi madre le pediría cuentas para que ambos pudieran escapar de un matrimonio sin amor. La cuenta atrás había comenzado, y en cuestión de meses, mis padres se divorciaron.

Sin amor, incluso las expectativas claramente comunicadas son imposibles de cumplir. Ya sea en una amistad, una relación familiar o un matrimonio, el amor gestiona el cobro en misericordia y gracia. La ley no podía ser más clara cuando se trataba de las expectativas de Dios y su esperanza en nosotros, y sin embargo fallamos. Incluso así, siempre estuvieron los que prosiguieron más allá de la letra de la ley y experimentaron la bondad de Dios. Mujeres como Rahab y Rut, y hombres como David y Abraham fueron capaces de cumplir la ley de Dios con sus corazones incluso aunque no dieron la talla en sus vidas. No es casualidad que estos sean algunos de los gigantes de la fe, porque la fe obra mediante el amor.

> *Y la esperanza no avergüenza; porque el amor de Dios ha sido derramado en nuestros corazones por el Espíritu Santo que nos fue dado* (Romanos 5:5).

Cuando amamos, no tan solo se oye; también se ve.

El amor alcanza

¿Extrañas las llamadas telefónicas? Yo sí. Extraño el sonido de las voces de las personas y sus inflexiones. Recientemente, tuve ganas de llamar a alguien. Era una preciosa jovencita con la que me estaba preparando para dar una conferencia. En cuanto respondió al teléfono, supe que estaba llorando. Hablamos. Oramos. En ese momento, ella necesitaba a una persona presencial, con vida. Si solo hubiera mirado sus redes sociales, nunca habría conocido su dolor. No se puede oír a alguien llorar en una foto.

Las redes sociales son redes. Nunca tuvieron la intención de reemplazar el toque o la conversación humana. Úsalas para alimentar tus relaciones, en vez de reemplazarlas.

Hablar a una audiencia mediante las redes sociales no significa que podamos desatender nuestras conversaciones cara a cara. Hacer bien ambas cosas es difícil. Si tienes que escoger entre las dos, habla a las personas a las que puedes ver. Estoy muy preocupada de que estemos creando una cultura de mirar celebridades que construyen paredes virtuales que dejen a las personas sintiéndose fuera.

Construyamos verjas en vez de paredes. Esto significa construir límites en vez de barreras. La frase "buenas verjas consiguen buenos vecinos" tenía el fin de respetar la tierra de cada quien, el ganado y los linderos de otros. Las verjas se construyeron para guardar el ganado y no para alejar a las personas. Las verjas hechas con un par de postes dividen campos a la vez que mantienen un campo visual abierto. Cuando se trata de las redes sociales, tenemos que poner algunas verjas hechas de postes. Estos son el tipo de límites que se pueden traspasar, por encima e incluso por debajo, mientras que a la vez nos mantienen a salvo de los toros embravecidos.

No pasemos tanto tiempo hablando a las masas que perdamos el arte de hablarnos el uno al otro. Llama a alguien. Llama a una puerta. Abraza a alguien.

Habla con algún desconocido… de hecho, ya lo estás haciendo en las redes sociales. Habla con personas vivas, reales, en el supermercado.

---◇---

El amor demanda cercanía.

Toca su brazo. Acércate y besa a tu marido, a tu hijo, a tu nieto. Hazles cosquillas y haz que dejen su iPad o su teléfono celular. Cuando pidan ver un programa de televisión, llévales mejor a dar un paseo. Mira a las personas a los ojos y obsérvalas. Es fácil odiar a la distancia, pero el amor demanda cercanía. Jesús es nuestro patrón, y Él nunca tuvo miedo de acercarse más.

Hacerse inamovible en el amor

Sé que son muchos versículos, pero el siguiente pasaje de Romanos es un bosquejo brillante de cómo amar a otros. Sé afectivo, honra, sé ferviente, esperanzador, paciente, constante, generoso, hospitalario, nunca vengativo, muestra empatía, sé humilde, pacífico y consciente de las necesidades de tus enemigos. Amemos, con la ayuda de Dios, como hemos sido amados.

Regresemos a Romanos 12 en nuestra oración pidiéndole al Espíritu Santo que nos muestre los lugares en los que debemos abrir nuestro corazón.

Amado Padre celestial,

Quiero amar como tú amas. Decido…

Amaos los unos a los otros con amor fraternal; en cuanto a honra, prefiriéndoos los unos a los otros. En lo que requiere diligencia, no perezosos; fervientes en espíritu, sirviendo al Señor; gozosos en la esperanza; sufridos en la tribulación; constantes en la oración; compartiendo para las necesidades de los santos; practicando la hospitalidad. Bendecid a los que os persiguen; bendecid, y no maldigáis. Gozaos con los que se gozan; llorad con los que lloran. Unánimes entre vosotros; no altivos, sino asociándoos con los humildes. No seáis sabios en vuestra propia opinión. No paguéis a nadie mal por mal; procurad lo bueno delante de todos los hombres. Si es posible, en cuanto dependa de vosotros, estad en paz con todos los hombres. No os venguéis vosotros mismos, amados míos, sino dejad lugar a la ira de Dios; porque escrito está: Mía es la venganza, yo pagaré, dice el Señor. Así que, si tu enemigo tuviere hambre, dale de comer; si tuviere sed, dale de beber; pues haciendo esto, ascuas de fuego amontonarás sobre su cabeza. No seas vencido de lo malo, sino vence con el bien el mal (Romanos 12:10-21).

INAMOVIBLE EN ODIO

No podemos amar a Dios sin odiar lo que Él odia.
Charles Spurgeon

L o sé. Esta es difícil. A mí también me tomó desprevenida, pero no es posible amar a Dios a menos que odiemos lo que Él odia. Permíteme compartir cómo la tensión entre estas dos cosas se convirtió en una realidad para mí. Acababa de terminar de escribir los capítulos previos sobre el amor cuando escuché al Espíritu Santo susurrar: "Lisa, yo también soy inamovible en odio".

Mi corazón se saltó un latido.

¿Cómo podía nuestro Dios que es amor… odiar?

Como si fuera una respuesta, vino a mi mente una frase de Proverbios: *"Hay seis cosas que el Señor odia…"*. Bueno, ahí estaba. No era un versículo que yo citase a menudo, así que abrí mi software bíblico y copié y pegué cuatro versículos de Proverbios 6 en un nuevo documento, y lo di por finalizado.

Estábamos de vacaciones en Florida con once personas apiñadas en una casa, así que estaba escribiendo en la cochera de una amiga y había dejado en otro lugar mi teléfono celular. Cuando regresé a la casa, tenía varios mensajes de texto.

Uno de ellos era de mi amigo el rabino Brian. Dijo que el Espíritu Santo le había mostrado que yo estaba escribiendo, y me animó a seguir la línea de pensamiento que había venido a mí ese día. Sin saber lo que era, me aseguró que eso "era el antídoto para contrarrestar el veneno que ha vacunado a la iglesia con el engaño secular, en vez de la sabiduría sagrada de las Escrituras". Siguió diciendo: "No tenemos tiempo en esta hora crucial y crítica para dejarnos seducir por la egoísta e insegura necesidad de aceptación entre el mundo y para encajar en la definición disfuncional de la sociedad de lo que un creyente está atado a ser en vez de dejar que la *imagen* de Dios determine a quién nos parecemos y que la *semejanza* de Dios defina cómo debemos funcionar y operar en la tierra". Bueno, entonces, ahí vamos.

> ◇
> ### Dios odia todo lo que deshace el amor.

A la mañana siguiente antes de sentarme a escribir o incluso a buscar en las Escrituras, oré: "Padre celestial, necesito que me hables. Mi primera reacción es que el odio es irreconciliable con un Dios que es amor, pero a la vez veo claramente en Proverbios que es cierto que hay cosas que tú odias. Enséñame. En el nombre de Jesús, amén".

Aún no había casi terminado de decir amén cuando el Espíritu Santo comenzó a hablar. Anoté lo que oí lo más rápido que pude. Esto es lo más destacado de lo que espero explorar en este capítulo:

Dios odia todo lo que deshace el amor.

Dios odia lo que deshace y quebranta a quienes Él ama.

Dios odia lo que mina su imagen y distorsiona nuestra identidad.

En pocas palabras, nuestro Padre odia todo lo que pervierte y corrompe el amor.

Dios ama a las personas. Dios ama a los quebrantados. Dios ama a los atados. Dios ama al pecador. Dios es amor, y el amor nunca odia a las personas, porque las personas son a quienes Dios ama.

Dios nos ama a cada *uno*... pero Dios no ama *todo*.

En el génesis de la creación, Dios hizo todas las cosas buenas y para nuestro bien. Tristemente, no necesito decirte que ya no caminamos por la tierra incorrupta del Edén. La tierra que hay bajo nuestros pies gime, doliente por su restauración. Del mismo modo, cada corazón humano está lleno de un anhelo desesperado de la revelación y la realización de todo lo que es cierto, justo y hermoso. Queremos ver de nuevo al amor en su plena expresión en cada área de la vida. ¿Es posible que hayamos idolatrado al amor y en el proceso hayamos llamado amor a cosas que no lo son? ¿Hemos creído que nuestras acciones eran amorosas cuando en verdad no lo eran? Dios es amor, pero el amor no es Dios. Adoramos a Dios, no al amor. Nada puede separarnos del amor de Dios que es en Cristo Jesús (ver Romanos 8:39). Pero el peligro surge cuando separamos el amor de los parámetros de nuestro Dios.

Dios es amor (ver 1 Juan 4:8). Dios es un fuego consumidor (ver Hebreos 12:29). En Él vivimos (ver Hechos 17:28). Cuando unimos estas verdades, no es una extensión decir: "Vivimos en el fuego consumidor del amor de Dios".

¿Por qué odiar?

Odio es una palabra negativa con carga emocional. No hay nada neutral en absoluto respecto al odio. Yo de inmediato pienso en el término asociado: delitos de odio. Para explorar esta parte conmigo, necesito que salgas de tus experiencias personales con el odio y separes la palabra de todas las personas. Durante estas páginas y con el propósito de navegar por la verdad, deja a un lado las imágenes y las acciones llenas de odio. ¿Estás de acuerdo con que la definición de amor ha sido distorsionada tanto por nuestra cultura como por nuestras experiencias humanas? ¿Estás de acuerdo con que el término *amor* no se ha utilizado bien? Con demasiada frecuencia las personas dicen que aman, sin las correspondientes acciones o el compromiso del amor. Cuando una palabra se usa en exceso, su significado se puede abaratar o incluso perder. Para amar verdaderamente como Dios ama, no podemos amar lo que Él odia.

Así como el amor no puede definirse fuera de la perspectiva eterna del Creador, así también debemos buscar en las Escrituras una definición de odio. Por el momento, dejemos a un lado nuestras *experiencias* humanas con el odio y tratemos su *significado*.

> **Dios odia todo lo que degrada el amor, porque todo lo que degrada el amor nos degrada a nosotros.**

Como nombre, abarca palabras hostiles como animosidad, aborrecimiento, repugnancia y disgusto. Cuando el odio adopta la forma de un verbo, significa aborrecer, detestar, sentir repulsión por, y menosprecio.

A primera vista, es fácil suponer que ninguno de estos atributos está en sintonía con un Dios que no tan solo ama, sino que es amor. Sin embargo, al escudriñar las Escrituras descubrí lo siguiente. Nuestro Padre odia:

> todo lo que socave la justicia y la verdad
> cuando las viudas, huérfanos y extranjeros son oprimidos
> el abuso de los ancianos y ser negligente con la familia
> lo que pervierte su bondad y corrompe sus dones
> cuando el amor se convierte en egoísmo y los amigos se convierten en enemigos
> lo que cambia su imagen y distorsiona la nuestra
> cuando a lo malo se le llama bueno y se mata al inocente
> cuando la arrogancia y el orgullo nos degradan

Esos puntos son un panorama general, no una lista exhaustiva. El mejor marco de referencia es que Dios odia todo lo que degrada el amor, porque todo lo que degrada el amor nos degrada a nosotros.

Al escudriñar las Escrituras para recibir entendimiento de lo que Dios odia, me impresionó descubrir más de tres mil palabras que dan contexto a cosas que degradan lo que el amor busca construir.

Cuando el amor es degradado, nuestro entendimiento de Dios, que es amor, se socava trágicamente. Cuando la imagen de Dios se distorsiona, los niños que buscan un Padre se confunden. Finalmente, todo lo que Dios odia tiene que ver con proteger lo que Él ama. ¿Por qué estaba entonces sorprendida? Cada padre amoroso odia toda forma de vicio que quiera destruir a sus hijos. El Antiguo Testamento no son las palabras de un Dios enojado; es más bien la advertencia de un Padre amoroso que quería que sus hijos vivieran la mejor vida posible. Jesús no cambió la mente de Dios en el Nuevo Testamento. Jesús vino para revelar el corazón del Padre.

Ningún padre quiere dificultades para sus hijos. Sin embargo, las luchas y los retos no son nuestro enemigo supremo. Las pruebas terrenales pueden servir como crisoles que dirigen a los hijos de Dios a un lugar de humildad y oración. Los retos nos dan una nueva mirada que se traduce en nuevas perspectivas al leer la Palabra de Dios. Nuestros verdaderos enemigos son de una naturaleza más sutil. Son vicios como la avaricia, el orgullo, la transigencia, inmoralidad, idolatría y depravación. Estas distorsiones de la vida les mienten a los hijos de Dios dando a entender que podemos servir a dos señores: al Dios y al sistema de este mundo.

Seamos honestos: una generación ha llegado hambrienta al desierto. Vagan de nuevo por los caminos antiguos, decepcionados con lo que han visto en el matrimonio, en nuestro gobierno e incluso en sus lugares de adoración. En esta etapa de hambre, el enemigo les ha atrapado y les ha llevado a cimas elevadas y les ha prometido el mundo si tan solo se postran y adoran en su altar del ego. Nuestra cultura se hace eco de su resonancia, y nos anima a hacer la paz donde no puede haber paz y llamar santas a las cosas que no lo son. Nuestra cultura apela a nuestro

> Una generación ha llegado hambrienta al desierto.

intelecto y nos invita a negar los límites del texto anticuado y las palabras antiguas de lo que se ve como un Dios ahora callado.

Odiar la luz

Para amar verdaderamente la luz, debemos estar dispuestos a arriesgarnos a que nos odien las tinieblas. Para que el mundo nos ame, debemos amar lo que el mundo ama. Pero la aceptación no termina ahí. Del mismo modo debemos odiar lo que el mundo odia. Si no hacemos ambas cosas, entonces nos odiarán. Debemos defender lo que el sistema del mundo defiende, o habrá un clamor fétido.

> *La Luz de Dios ahora ha venido al mundo, pero los corazones de las personas aman más sus tinieblas que la Luz, porque quieren que las tinieblas encubran su maldad. Así que los malvados odian la Luz e intentan esconderse de ella, porque sus vidas son totalmente expuestas en la Luz. Pero los que aman la verdad acudirán a la Luz y darán la bienvenida a su exposición, porque la Luz revelará que sus fructíferas obras las producía Dios* (Juan 3:19-21 TPT, traducción libre).

Cuando tememos la exposición, es más fácil escoger amar nuestras tinieblas y culpar a la luz por exponer sus tendencias. Algunos escogen llamar luz a las tinieblas. Lo entiendo. No es divertido que te señalen, pero a veces es saludable. Al final, *todo* lo oculto en los pliegues de las tinieblas será expuesto en la luz. Mejor permitir al Espíritu Santo que trate cada lugar sombrío ahora. No tengas miedo. Tenemos la seguridad de que incluso las tinieblas son luz para Él.

> *Si dijere: Ciertamente las tinieblas me encubrirán;*
> *Aun la noche resplandecerá alrededor de mí.*
> *Aun las tinieblas no encubren de ti,*
> *Y la noche resplandece como el día;*
> *Lo mismo te son las tinieblas que la luz* (Salmos 139:11-12).

El Espíritu Santo puede iluminar nuestro camino y aconsejarnos en nuestros senderos. La única forma de derribar nuestro temor es invitar a la luz en cada área de nuestra vida. Cuando decidimos odiar todo lo que ensombrece el alma abrazando la luz, nos alejaremos de lo que esta revele. El amor florece en un corazón no dividido; por lo tanto, Dios odia lo que divide nuestros afectos. La iglesia primitiva entendió esto. Lee el ruego apasionado del apóstol Santiago, el hermano de Jesús:

> *Ustedes se han convertido en adúlteros espirituales que están teniendo una aventura amorosa, una relación impía con el mundo. ¿No saben que coquetear con los valores del mundo les enemista con Dios? Todo el que escoja ser amigo del mundo se convierte en enemigo de Dios. ¿Acaso la Escritura no significa nada para ustedes cuando dice: "El Espíritu que Dios sopló en nuestros corazones es un Amante celoso que desea tenernos por completo"?* (Santiago 4:4-5 TPT, traducción libre)

Están aquellos que argumentan que estos versículos no son para nosotros hoy. Razonan diciendo que hemos evolucionado a un lugar más alto. Y sin embargo, cuando miro a mi alrededor no recuerdo una vez en la que haya visto a la humanidad tan hundida. El cielo tiene un sistema de valores muy distinto al de esta tierra. Por lo tanto, se nos advierte que no coqueteemos con los valores del mundo.

> El cielo tiene un sistema de valores muy distinto al de esta tierra.

Cuando comencé a investigar lo que odia nuestro Dios de amor, la búsqueda comenzó con Proverbios 6, así que examinémoslo juntos:

> *Seis cosas aborrece Jehová,*
> *Y aun siete abomina su alma:*
> *Los ojos altivos, la lengua mentirosa,*
> *Las manos derramadoras de sangre inocente,*
> *El corazón que maquina pensamientos inicuos,*
> *Los pies presurosos para correr al mal,*

El testigo falso que habla mentiras,
Y el que siembra discordia entre hermanos (vv. 16-19).

Y esta es una mirada más honda a los siete.

Orgullo

Dios odia el orgullo porque nos pone en oposición al poder transformador del amor. El libro de Santiago nos dice que Dios de hecho resiste y se opone al orgulloso mientras que da gracia a los humildes y enseñables (ver Santiago 4:6).

En *Mero Cristianismo*, C. S. Lewis escribió: "Porque el orgullo es un cáncer espiritual: se traga la posibilidad de amar, o de tener contentamiento o incluso sentido común".[1] Por supuesto que nuestro Padre no pudo evitar odiar a un enemigo de nuestra transformación tan particularmente debilitante.

Para dibujar un cuadro del orgullo, Proverbios 6:17 usa las palabras *"ojos altivos"*. Estos ojos miran a otros con desdén. La TPT lo traduce yendo un poco más lejos, como menospreciar a otros considerándose superior. Y al mismo tiempo ¿no es esa la mirada que se nos modela en casi todas las formas de anuncios o revistas de moda?

Estos son unos cuantos versículos que construyen sobre las obras destructivas del orgullo:

El temor de Jehová es aborrecer el mal;
La soberbia y la arrogancia, el mal camino,
Y la boca perversa, aborrezco (Proverbios 8:13).

El orgullo pervertirá finalmente nuestro discurso y nos llevará por el camino del mal.

Altivez de ojos, y orgullo de corazón,
Y pensamiento de impíos, son pecado (Proverbios 21:4).

Este versículo nos dice que el pecado está detrás de la iluminación del orgullo que oscurece el entendimiento del malvado.

> *Si intentas corregir a un cínico arrogante, espera un insulto enojado a cambio. Y si intentas confrontar al malvado, no te sorprendas si lo único que recibes es una bofetada en la cara. Así que no te molestes en corregir a un burlador, porque solo te odiará por ello. Pero ve y corrige al sabio; te amará incluso más* (Proverbios 9:7-8 TPT, traducción libre).

El orgullo nos hace ser defensivos, agresivos y ciegos a nuestra verdadera condición. El cinismo y la arrogancia son compañeros del orgullo. El orgullo considera cualquier instrucción como una afrenta. La corrección nunca es divertida, pero podemos aprender a amar el fruto de la corrección: sabiduría.

Para amar lo que nuestro Padre ama, debemos primero cerrar la puerta al orgullo porque actúa como una entrada para la destrucción.

Mentira

La lengua mentirosa incluye tanto el acto de mentir como el difundir rumores. Amigos, en nuestros días y nuestro tiempo, no podemos ser

—————◇—————

Mentir no es amar.

demasiado cuidadosos respecto a escoger lo que decimos, repetimos y publicamos. Los trols ya no son ficticios, sino muy reales. Ya no se esconden debajo de los puentes, sino que viajan por la autopista de la información y roban a las personas su buen nombre incluso mientras siembran disputas y disensiones.

Una buena regla general es esta: si no lo sabes, déjalo ir. Dios odia el acto de murmurar y mentir intencionalmente. Proverbios 12:22 nos dice: *"Los labios mentirosos son abominación a Jehová; pero los que hacen verdad son su contentamiento"*. Esto corrobora que mentir es a menudo una cubierta para la infidelidad. Dios es el autor y originador de la verdad. Cuando mentimos, nos comportamos como nuestro antiguo supervisor, Satanás, que es el padre de la mentira, porque la verdad no vive en él. Las mentiras maldicen el amor. Mentir no es amar. Y esto es lo que más asusta respecto a mentir: cuando mentimos lo suficiente, perdemos el contacto con la verdad y de hecho, nos engañamos a nosotros mismos.

Derramar sangre inocente

La frase "manos que derraman sangre inocente" describe el deseo premeditado o perverso de matar al inocente. En el periodo de tiempo en el que se escribió el libro de Proverbios, esto se refería a la extendida práctica de sacrificar a los niños a manos de los adoradores de Baal-Moloc y Asera que también habían infectado a los israelitas (ver 1 Reyes 14). Esta adoración incluía orgías sexuales. Los niños concebidos mediante estas prácticas eran sacrificados a las llamas de Moloc, mientras que ahogaban sus gritos mediante el sonido de los tambores que golpeaban los sacerdotes paganos. Me parece impensable que una madre pudiera arrojar a su niño vivo a las llamas; sin embargo, el profeta Isaías habla de esta práctica:

> *Ustedes satisfacen su lujuria en cualquier lugar donde encuentran algún lugar escondido y fornican a su antojo. Matan a sus hijos en cualquier lugar conveniente, cualquier cueva o grieta servirá... Han ascendido a un monte alto para practicar su nauseabunda religión de sexo y muerte. A puertas cerradas congregan a sus preciosos dioses y diosas. Tras abandonarme, se han ido, se han desnudado y han hecho de su cama un lugar de adoración* (57:5, 7-8 The Message, traducción libre).

¿Hemos hecho de nuestras camas de promiscuidad nuestro lugar de adoración solo para que niños inocentes paguen el precio?

Hoy no hay tambores ni cuevas. Somos más civilizados que eso. La sangre inocente se derrama en el silencio del vientre de la madre. La madre tiene la opción de estar dormida o despierta durante su "operación". Matar al bebé en el útero significa que ni la madre ni el padre tienen que oír ni ver la muerte del niño. Durante casi cincuenta años, nuestra nación ha sancionado la extendida práctica del aborto. Los que defienden el aborto se sabe que lo llaman el "ritual sagrado" de una mujer y el "sacramento".[2] Se ha discutido incluso si es "libertad religiosa". Dios nos ayude. Decidimos odiar el hecho, no a las personas involucradas. El amor defiende a las valientes mujeres jóvenes que deciden dar vida, así como las obras para redimir a las que derramaron sangre inocente.

Corazones que maquinan pensamientos inicuos

Un corazón que maquina pensamientos inicuos hace referencia a la planificación voluntaria y premeditada de un mal para hacer daño a otro. Dios tiene un plan para nuestras vidas. Es un plan de bien y no de mal. Es la razón por la que se nos dice que debemos bendecir en lugar de maldecir a los que nos hieren y maltratan. Cuando planeamos hacer mal a otros, nos oponemos a la voluntad de Dios para sus vidas y para las nuestras.

Pies presurosos para correr al mal

La Biblia es muy clara en cuanto a que el mal es algo de lo que debemos huir en vez de correr hacia ello. En vez de correr, la traducción Passion de Proverbios 6:18 describe esto en términos que podemos entender mejor, y habla de aquellos que *"se regodean en hacer lo que es abiertamente malo"*. Algunas personas están orgullosas de lo que consiguen hacer. Se imaginan que son astutos si no les atrapan. Lo que no saben reconocer es que aunque todos los ojos terrenales estén cegados, hay Alguien que todavía ve.

> Aunque todos los ojos terrenales estén cegados, hay Alguien que todavía ve.

Testigo falso

Me sorprendió ver que Proverbios 6 enumera tanto una lengua mentirosa como un testigo falso entre las cosas que Dios odia. ¿Acaso no es prácticamente lo mismo? Cuando investigué para ver la diferencia, aprendí que un falso testigo es alguien que miente bajo juramento. No solo están mintiendo a los hombres, sino que están mintiendo a Dios y en el proceso pervierten el curso de la justicia. Nuestro Dios justo odia la injusticia. Es la razón misma por la que hacemos este juramento en los juzgados de América: "Juro que la evidencia que doy será la verdad, toda la verdad, y nada más que la verdad, así me ayude Dios". Dios es el máximo Juez; por lo tanto, cuando pervertimos la justicia con un falso testimonio, socavamos el fundamento del plan de Dios para la justicia para todos (ver también Éxodo 18:21; Proverbios 17:15).

Sembrar discordia entre hermanos

Dios también odia el sembrar discordia entre hermanos. Estoy segura de que aunque Proverbios 6 dice "hermanos", aquí también entran las hermanas. Lo contrario a la discordia es el acorde, que significa acuerdo, armonía y unidad. El rey David ofrece el antídoto para no caer bajo el corrupto hechizo de los que siembran discordia:

> *No me he sentado con hombres hipócritas,*
> *Ni entré con los que andan simuladamente.*
> *Aborrecí la reunión de los malignos,*
> *Y con los impíos nunca me senté.*
> *Lavaré en inocencia mis manos,*
> *Y así andaré alrededor de tu altar, oh Jehová,*
> *Para exclamar con voz de acción de gracias,*
> *Y para contar todas tus maravillas.*
> *Jehová, la habitación de tu casa he amado,*
> *Y el lugar de la morada de tu gloria* (Salmos 26:4-8).

Evitamos asociarnos con mentirosos, hipócritas y hacedores del mal amando a Dios y amando la casa de Dios. Al reunirnos, una actitud de agradecimiento se levanta y la fidelidad de Dios y sus maravillas se proclaman. Hablar de Dios puede despejar algunas cosas con la misma rapidez que llena otras.

Eso pone fin a la lista de Proverbios 6, pero hay más cosas que Dios odia.

Inmoralidad sexual, impureza e idolatría

> *Porque sabéis esto, que ningún fornicario, o inmundo, o avaro, que es idólatra, tiene herencia en el reino de Cristo y de Dios. Nadie os engañe con palabras vanas, porque por estas cosas viene la ira de Dios sobre los hijos de desobediencia* (Efesios 5:5-6).

Dios no puede evitar odiar las cosas que socavan nuestra intimidad o nos engañan, degradan, ensucian y destruyen. Estas tres, inmoralidad sexual (toda actividad sexual contraria a los principios bíblicos), impureza (lenguaje y prácticas sucios, groseros, lascivos), e idolatría (avaricia y codicia), son casi inseparables. Podemos verlos juntos constantemente en la mayoría de lo que nuestra cultura llama entretenimiento.

Una vez estuve atrapada junto a un hombre que vio *Juego de Tronos* durante catorce horas desde Los Ángeles a Sídney. (Fue una de esas veces en las que agradecí ver solo por un ojo). Me sentí contaminada por lo que veía accidentalmente cuando giraba mi cabeza o pasaba por delante de él para ir al baño. Él estaba totalmente ajeno a eso. Cuando estas tres cosas se empacan bien y se nos presentan las veces suficientes, se normalizan. Tristemente, comenzaremos a emular lo que nos entretiene.

Avaricia

Las Escrituras aluden al vicio de la avaricia como codicia e idolatría. He escuchado que se dijo que una relación no saludable con el dinero (codicia) es algo muy peligroso porque el dinero tiene la capacidad de hacernos sentir como dioses. Nos imaginamos poderosos y que todo lo que queramos está a nuestro alcance. ¿Para qué confiar en Dios cuando tenemos la capacidad de comprar? La avaricia y la codicia a menudo están vestidas de vicios sutiles y, por lo tanto, están mucho más socialmente aceptadas. No te engañes. La avaricia es un cruel captor que engaña a las personas para que se imaginen libres (ver Apocalipsis 3:7-18). Aquellos cautivos de la avaricia valorarán sus relaciones con las posesiones y la posición, más que sus relaciones con las personas. La generosidad y la humildad son los antídotos de la codicia y la idolatría.

Jesús advirtió a sus discípulos: *"Ningún siervo puede servir a dos señores; porque o aborrecerá al uno y amará al otro, o estimará al uno y menospreciará al otro. No podéis servir a Dios y a las riquezas"* (Lucas 16:13).

El dinero es una herramienta para usar… no para amar. A las personas se les debe amar… no usar, lo cual nos lleva al siguiente punto.

Divorcio

> *¡Pues yo odio el divorcio!—dice el Señor, Dios de Israel—. Divorciarte de tu esposa es abrumarla de crueldad—dice el Señor de los Ejércitos Celestiales—. Por eso guarda tu corazón; y no le seas infiel a tu esposa* (Malaquías 2:16 NTV).

El dolor del divorcio es amargo e íntimo, y por eso Dios lo odia. No odia a los que se divorcian… odia los estragos del divorcio. En tiempos de Malaquías, las mujeres no tenían el derecho de divorciarse de sus maridos. Imagínate la angustia de nuestro Padre celestial al ver a sus amadas hijas de pacto rechazadas y abandonadas por los hijos que él esperaba que las fueran a amar. Este desplazamiento a menudo se producía en favor de esposas extranjeras. Dios odiaba la violencia y vergüenza de esta práctica infligida a sus hijas. La Nueva Versión Internacional dice que un hombre que se divorcia de su esposa *"cubre de violencia sus vestiduras"* (Malaquías 2:16).

Vivimos en un tiempo en el que las mujeres pueden igualmente divorciarse de sus esposos. A veces debido a la traición de la infidelidad y al dolor del abuso, un cónyuge (varón o hembra) sentirá que el divorcio es la decisión más sana para su vida y la seguridad de sus hijos. En estos casos, el divorcio es una provisión para impedir otra cosa que Dios odia… una mujer que está casada y no es amada (ver Proverbios 30:23). Cuando ahondamos, encontramos que el odio de Dios por el divorcio está unido a nuestro insensible maltrato de los unos a los otros.

En el matrimonio, Dios nos entrelaza por su Espíritu para hacernos uno:

> *¿No te hizo uno el Señor con tu esposa? En cuerpo y espíritu ustedes son de él. ¿Y qué es lo que él quiere? De esa unión quiere hijos que vivan para Dios. Por eso, guarda tu corazón y permanece fiel a la esposa de tu juventud* (Malaquías 2:15 NTV).

La unión del matrimonio presagia la unión de Cristo y su esposa. Los divorcios iniciados por egoísmo, infidelidad y rechazo distorsionan la idea de Dios como un esposo que nunca nos dejará ni nos menospreciará.

Dios no quiere que haya confusión alguna sobre su inamovible amor por nosotros. Él no tiene intención alguna de dejar de proteger el pacto que ha hecho con nosotros. Él nunca nos rechazará ni nos abrumará con crueldad. No importa cuántas veces podamos decepcionarle, Él nunca nos decepciona.

Aunque bajo la ley se hizo provisión para el divorcio, nuestro Dios es un esposo fiel a su esposa. El divorcio socava la imagen de Cristo y su Iglesia, de nuestro Novio que siempre es fiel incluso cuando nosotros somos infieles.

Dios sabe, y nosotros también, que el divorcio tiene la particularidad de desgarrar familias y corazones. Dios hace provisión porque odia el cruel abuso de la infidelidad y el abandono, pero el divorcio nunca fue su esperanza original para el pacto del matrimonio.

Dobles estándares e hipocresía

> *Poner estándares elevados para otros, y después no vivir uno mismo en base a los mismos, es algo que Dios odia. Pero le agrada cuando aplicamos los estándares de medida correctos* (Proverbios 11:1 TPT, traducción libre).

El Señor odia los dobles estándares. Eso es hipocresía en su mayor grado (Proverbios 20:23 TPT, traducción libre).

Jesús constantemente confrontó la hipocresía de los fariseos. Estaba ocupado con los negocios de su Padre, edificando el reino del cielo, mientras ellos estaban ocupados promulgando las leyes del reino de los hombres. Exigían a los demás altos estándares que ni ellos mismos cumplían. Su doblez ensució unas aguas que debían ser transparentes. Como aprendimos antes, creían que era una afrenta sanar en el día de reposo. Una era una señal del pacto, y la otra hablaba de sus maravillas. Jesús advirtió a sus seguidores en Mateo 23:2-4:

En la cátedra de Moisés se sientan los escribas y los fariseos. Así que, todo lo que os digan que guardéis, guardadlo y hacedlo; mas no hagáis conforme a sus obras, porque dicen, y no hacen. Porque atan cargas pesadas y difíciles de llevar, y las ponen sobre los hombros de los hombres; pero ellos ni con un dedo quieren moverlas.

> Nos postramos delante de Él para que Él nos levante.

Siempre nos veremos destinados a predicar sin la capacidad de practicar si nuestro motivo es que otros *nos vean* en vez de *elevar* a otros. Las religiones que están inundadas de orgullo e hipocresía oprimen a sus seguidores. Los líderes hipócritas creen que aplastar a otros les elevará a ellos. Esta es la antítesis de cómo funciona el reino de Dios. Nos postramos delante de Él para que Él nos levante. Una vez levantados, nos volvemos a agachar para levantar a otros. Con toda honestidad, más personas se han beneficiado de aprender de mis errores que de cualquiera de mis denominados éxitos.

Antes de que nos emocionemos en exceso con lo de odiar la hipocresía de otros, pidamos al Espíritu Santo que nos revele cualquier atisbo de su mancha en nosotros. La hipocresía puede escurrirse en todos nosotros con gran sigilo. He descubierto que lo único que lo arranca es la Palabra de Dios. La luz de su verdad divide apropiadamente nuestras motivaciones y expone cualquier oscuridad que se haya podido escurrirse adentro cuando no nos dábamos cuenta. Mantente vigilante contra este enemigo. Es traicionero. La hipocresía odia la honestidad, así que rodéate intencionalmente de personas que te digan la verdad. Sé vulnerable con las personas correctas y pídeles que te den su sincera opinión (Perdón, pero esto no va a ocurrir en Facebook).

El rechazo de la sabiduría

Sabiduría: o la amas o la odias. La manera de aprender a amar la sabiduría es escogiendo amar lo que por naturaleza odiamos: la disciplina. Escucha las palabras de la sabiduría:

> *¿Hasta cuándo, oh simples, amaréis la simpleza, y los burladores desearán el burlar, y los insensatos aborrecerán la ciencia? Volveos a mi represión; He aquí yo derramaré mi espíritu sobre vosotros, y os haré saber mis palabras* (Proverbios 1:22-23).

Si alguna vez hubo un tiempo en que necesitáramos un derramamiento de sabiduría, ¡es ahora! Personalmente anhelo respuestas a las preguntas que nunca pensé que nos haríamos. En un mundo que parece estar patas arriba, necesitamos volver de nuevo a las Escrituras, las palabras que fundaron la tierra.

En Proverbios 8, la voz de la sabiduría habla y describe el temor del Señor como odiar el mal: *"El temor de Jehová es aborrecer el mal; la soberbia y la arrogancia, el mal camino, y la boca perversa, aborrezco"* (v. 13).

El Salmo 34 dice:

> *Venid, hijos, oídme;*
> *El temor de Jehová os enseñaré.*
> *¿Quién es el hombre que desea vida,*
> *Que desea muchos días para ver el bien?*
> *Guarda tu lengua del mal,*
> *Y tus labios de hablar engaño.*

Apártate del mal, y haz el bien;
Busca la paz, y síguela (vv. 11-14).

Estos versículos subrayan cómo la combinación del discurso perverso y los caminos orgullosos produce el mal.

En el libro de Job, el temor del Señor está unido a la sabiduría: *"He aquí que el temor del Señor es la sabiduría, y el apartarse del mal, la inteligencia"* (28:28).

Otros versículos describen el temor del Señor como temblar ante su Palabra. Creo que es también una actitud de humildad en la que nos arrojamos a la misericordia de Dios con la revelación de su santidad y nuestra falta de ella.

Incluso Jesús se gozó en el temor del Señor. Isaías profetizó que el Espíritu de Dios se vería en la vida de Jesús:

> *Y reposará sobre él el Espíritu de Jehová; espíritu de sabiduría y de inteligencia, espíritu de consejo y de poder, espíritu de conocimiento y de temor de Jehová. Y le hará entender diligente en el temor de Jehová. No juzgará según la vista de sus ojos, ni argüirá por lo que oigan sus oídos* (11:2-3).

Si reconocemos la perversidad de nuestros caminos y pensamientos, Él no trata con nosotros conforme a nuestra conducta. Él no nos mide por nuestra carencia, sino por la altura de su amor inamovible hacia nosotros.

Maldad

> *El amor sea sin fingimiento. Aborreced lo malo, seguid lo bueno* (Romanos 12:9).

Amar y odiar son ambas decisiones conscientes. Amar a todos es difícil, pero con Dios todo es posible. Amar todo es insincero y de hecho, imposible. En nuestro tiempo, la maldad es inevitable. Lo entiendo. Pero eso no significa que nos demos el lujo de agobiarnos e intimidarnos y nos quedemos callados. Este no es un tiempo para ser neutrales.

Deberíamos odiar la pobreza mientras amamos a los desfavorecidos.

Deberíamos odiar la guerra, pero amar a las viudas y los huérfanos y los refugiados que crea.

Odiar el mal no es tener licencia para estar llenos de odio. No somos terroristas… somos cristianos. Somos los que están ungidos para vencer el mal con el bien. Así que no mentimos y llamamos a lo malo bueno. No argumentamos solo con las palabras. Vivimos la verdad, decimos la verdad y contendemos por la verdad con nuestra manera de vivir.

La Iglesia no siempre ha hecho bien eso.

Yo misma no lo he hecho bien. Quiero hacerlo mejor.

Durante mucho tiempo se nos ha conocido por las cosas de las que estamos en contra, en vez de lo que e incluso quien (Jesús) estamos a favor. En un esfuerzo por inclinar la balanza para equilibrarla, la Iglesia parece haber adoptado

> Avancemos en verdad, humildad y amor y edifiquemos lo que podría ser.

la tendencia del mundo de respaldar *todo* y llamarlo amor. Nuevamente, amamos a *todos*, pero hagámoslo con la conciencia de que estamos en medio de una batalla, lo cual significa que no podemos amarlo *todo*. Como escribió Charles Spurgeon: "Estamos atados a amar a nuestros enemigos, pero no estamos atados a amar a los enemigos de Dios. Debemos desearles, como enemigos, un total derrocamiento, pero desearles como hombres una misericordiosa conversión, para que puedan obtener el perdón de Dios y convertirse en sus amigos, seguidores y siervos".[3]

Tenemos tanto miedo de que nos acusen de ser críticos que hemos guardado silencio. No podemos ser como esa esposa que, tras manejar mal su primer desacuerdo con su esposo, se conformó con callarse en vez de comprometerse a aprender a hacerlo bien. El silencio de esta esposa finalmente dañará su relación y pondrá en riesgo su crecimiento. En vez de rendirnos por los fallos del pasado, avancemos en verdad, humildad y amor y edifiquemos lo que podría ser. Comenzamos comprometiéndonos a aborrecer nuestras propias simpatías hacia las cosas que Dios odia.

Al comenzar a vivir la verdad en amor, otros podrán oírnos mientras hablamos la verdad en amor. Esto es vital porque…

El amor sin verdad es una mentira.

¿Qué odias?

Lo que odias es probablemente algo que te asusta. Yo no soy fan de las serpientes, arañas o escorpiones. Odio las tres, pero lo peor son las serpientes. Si veo un escorpión, lo mato. Me convertí en su peor enemiga cuando uno de ellos picó a mi hijo pequeño cuando tenía cuatro años (Advertencia: fingen estar muertos para poder picarte a ti también). Las arañas son un poco más difíciles para mí. Su forma de moverse me asusta. Yo le pido a John o alguno de mis hijos que las maten. Si no hay hombres en casa, yo me ocupo. Las serpientes es otra historia. No se puede matar a una serpiente con un zapato. Al menos no lo creo, pero de nuevo, nunca lo he intentado.

Escribo en un rincón de nuestro sótano. Encima de la cómoda sobre mi escritorio hay un machete. Sin asustarme demasiado, he decidido que si estoy sola y descubro una serpiente en nuestra casa… la atacaré. Tomaré el machete en mi mano y, con una fuerte oración en mi boca, ¡la mataré! Estoy comprometida a ir por ella porque a una serpiente no se le puede permitir que deambule por mi casa y ponga huevos. ¿Por qué? Porque en mi casa viven las personas a las que amo.

Hay otras cosas que odio. Cosas que nos amenazan a todos. Odio el abuso sexual infantil. Odio el tráfico sexual de cualquier persona de cualquier edad o género. Y nunca he hablado con nadie a quien no le enfurezcan ambas cosas. Sabemos que estas prácticas deshacen tanto a las víctimas como a los depredadores. La crueldad y perversión de ellos hiere y fractura a todos los involucrados en lo más hondo de su ser. Porque amamos a las personas, tiene sentido que odiemos la práctica de estas dos cosas. Pero no es suficiente con odiar el tráfico sexual y el abuso sexual. Debemos odiar también la pornografía.

¿Por qué?

La pornografía es el catalizador detrás del abuso y del tráfico sexual. No podemos amar, que nos guste, o ni siquiera sonreír a la pornografía y odiar verdaderamente el abuso y el tráfico sexual. Para amar verdaderamente a las víctimas del abuso y el tráfico sexual, debemos odiar el catalizador del abuso y del tráfico… la pornografía. Para amar bien, debemos odiar lo que tuerce las almas de otros para abusar y atrapar a niños y mujeres.

La pornografía degrada el amor, deshace la intimidad y denigra el bonito y maravilloso regalo de Dios del sexo. Esclaviza a los que Dios anhela liberar. Sabiendo esto, he decidido menospreciar toda forma que pueda tomar la pornografía (literatura, películas, revistas, o en línea).

Debo odiar lo que hace la pornografía al amor porque lo que le hace al amor es malo. Odio lo que la pornografía produce en el matrimonio. He oído demasiadas historias de mujeres que yacen en la cama preguntándose por qué sus esposos no las tocan. Se ven a sí mismas como *menos* que deseables. Si tan solo fueran *más* atractivas, sus esposos las querrían. Después se enteran de que tienen una rival, un fantasma del sexo virtual que ha corrompido su intimidad. Sus esposos ya le han entregado su pasión a alguien en línea a la que no tienen que tocar.

Tristemente, cada vez más mujeres están quedando atrapadas en el mismo ciclo de destrucción. Una encuesta reciente dijo que una de cada tres mujeres ve pornografía semanalmente.[4] El *Huffington Post* afirmó: "Las páginas pornográficas reciben más visitas cada mes que Netflix, Amazon y Twitter juntos".[5] Según Fight the New Drug: "Tan solo el año pasado, se vieron 91.980.225.000 videos en foros pornográficos. Eso es 12,5 videos por cada persona del planeta".[6]

¡Uf!

La pornografía no es amor. La pornografía viola nuestra mente al representar y rebajar a los humanos creados en la belleza y semejanza de su Creador. Después llega la vergüenza y abruma a los que han quedado cautivos de las imágenes. Debemos amar a los cautivos mientras odiamos la industria que los atrapa de forma lenta, pero segura.

Cuando no odiamos lo malo, nuestro amor no es genuino.

La traducción Passion de Romanos 12:9 es un poco más poética:

> *Que el movimiento interno de su corazón sea siempre amarse unos a otros, y nunca tomen el papel del actor que lleva una máscara. Desprecien lo malo y acepten todo lo bueno y virtuoso* (Traducción libre).

> **Cuando no odiamos lo malo, nuestro amor no es genuino.**

La tentación a quedarse quieto puede ser muy grande, especialmente cuando sabemos que hablar significa que nos llamarán ignorantes y extremistas. Siempre que he hablado contra este asunto, hay cristianos que me han atacado al decir que lo que hacen en privado es asunto suyo, y tienen razón. Pero a la vez, no puedo quedarme callada porque he visto el otro lado de la pornografía. He visto a sus víctimas, que van desde niños que han sufrido el tráfico y abuso sexual hasta matrimonios destrozados y adictos sexuales. Cuando hablo, me jaquean mis redes sociales y los perpetradores me llenan de imágenes y videos pornográficos.

No podemos sonreír al mal desde ninguna distancia segura. No podemos dejar que nos eche el ojo ni permitirnos detenernos ante su presencia. No podemos quedarnos quietos porque no queramos causar problemas. Si estamos atrapados, tenemos que pedir ayuda. Cuando se trata de proteger el amor, no podemos guardar silencio. No podemos usar una máscara de aceptación.

Seguir a Jesús, nuestro ejemplo

Charles Spurgeon dijo: "Lo que Jesús ama, nosotros amamos; lo que Jesús odia, nosotros lo odiamos; lo que Jesús busca, nosotros buscamos; lo que Jesús prohíbe, nosotros prohibimos. Esto es una verdadera amistad; cuando hay un solo corazón en dos cuerpos".[7]

Como dijo Spurgeon, Jesús es nuestro ejemplo, tanto en el amor como en el odio. ¿Qué ama Jesús? A las personas. Jesús ama y quiere rescatar a todos los perdidos. Jesús amaba a sus enemigos y los llamaba amigos. La amistad con Dios no incluye odiar a las personas.

¿Qué odia Jesús? Jesús odia a los enemigos del amor... la religión hipócrita es una de las primeras y las principales. Al estudiar el significado de hipocresía, vi áreas en las que yo soy hipócrita. Cuando quise relaciones con personas, más que querer rescatarles. Cuando guardé silencio en vez de amar. Cuando coqueteé a la distancia en vez de alejarme rápidamente. Lo que rehusé odiar ahora se convertirá en algo normal en las vidas de mis nietos.

G. K. Chesterton dijo: "La tolerancia es la virtud de un hombre sin convicciones". Temo que hayamos escogido tolerar cosas que un día nos amenazarán con abrumarnos. Debemos ser siempre amables y respetuosos, pero el silencio de la tolerancia puede convertirse rápidamente en aprobación.

¿Qué busca Jesús? Jesús nos dijo: *Mas buscad primeramente el reino de Dios y su justicia, y todas estas cosas os serán añadidas* (Mateo 6:33).

¿Qué significa rehuir, y a qué rehúye Jesús? *Rehuir* significa evitar algo alejándose de ello. Es en verdad lo que ya hemos descrito. No nos sentamos con el mal, hacemos un guiño a la perversidad o conversamos sobre cosas vanas. Pablo lo describe bien:

> *Para que abras sus ojos, para que se conviertan de las tinieblas a la luz, y de la potestad de Satanás a Dios; para que reciban, por la*

fe que es en mí, perdón de pecados y herencia entre los santificados (Hechos 26:18).

No nos alejamos de las personas. Oramos para que ellas se alejen de lo que oscurece sus almas.

Antes de nacer de nuevo, era enemiga de Cristo en vez de amiga. Cuando mi endurecido corazón se convirtió en un corazón de carne, sentí lo que hacía doler su corazón. Seguir la guía de Jesús es un estilo de vida. Nos alejamos de lo que solíamos apreciar para poseer lo que Él valora.

Hace más de un siglo, Charles Spurgeon escribió: "La presente era es tan frívola que si un hombre ama al Salvador es un fanático y si odia los poderes del mal es un intolerante".[8]

No me puedo ni imaginar lo que diría él de nuestros días. Nuestra cultura ya no es frívola, sino depravada.

Debemos amar la verdad que libera a las personas a la vez que odiamos las mentiras que les atan.

Así como Dios es luz sin tinieblas, Él es bueno sin maldad. Un Dios que es todo bueno no puede ser parcialmente malo. No hay alianza entre la luz y las tinieblas, no hay asociación entre lo correcto y lo erróneo, y los ídolos demoniacos no pertenecen al templo de Dios. Y ¿qué hay de Jesús? El libro de Hebreos cita la profecía de David en Salmos 45:6-7:

> *Mas del Hijo dice: Tu trono, oh Dios, por el siglo del siglo; Cetro de equidad es el cetro de tu reino. Has amado la justicia, y aborrecido la maldad, por lo cual te ungió Dios, el Dios tuyo, con óleo de alegría más que a tus compañeros* (Hebreos 1:8-9).

Jesús ama la justicia y odia la maldad. ¿Pueden sus discípulos comportarse de manera distinta? Es tiempo de que recordemos que la persecución es parte del paquete.

> *Bienaventurados seréis cuando los hombres os aborrezcan, y cuando os aparten de sí, y os vituperen, y desechen vuestro nombre como*

*malo, por causa del Hijo del Hombre. Gozaos en aquel día, y ale-
graos, porque he aquí vuestro galardón es grande en los cielos; porque
así hacían sus padres con los profetas* (Lucas 6:22-23).

Discernimiento

Charles Spurgeon dijo: "El discernimiento no es conocer la diferencia
entre lo correcto y lo erróneo, sino saber la diferencia entre lo correcto y
lo casi correcto".[9]

Hay muchas cosas que suenan correctas y se sienten incorrectas. Estamos en unos tiempos que exigen un profundo conocimiento de las Escrituras además de la guía del Espíritu Santo. Las Escrituras nos darán la
estructura y el Espíritu del Dios Altísimo nos dará las palabras de vida.
Necesitamos que el Espíritu Santo ilumine la Palabra de Dios para poder saber cómo amar al quién y cómo odiar al qué. Con ese fin, me apoyé
fuertemente en las Escrituras al escribir este capítulo. Había demasiados
versículos que cubrir en estas páginas, así que incluí más como referencia
en el apéndice 1. Por favor, ora y pídele al Espíritu Santo cómo deberías
aplicar estos versículos en tu vida personal. En vez de decirte qué pensar,
quiero que permitas que el Espíritu Santo te dirija. Según avanzamos al
siguiente capítulo, ¿querrás orar conmigo?

Amado Padre celestial,

*Quiero amar lo que tú amas y como tú amas. No quiero ser hipócri-
ta. No quiero actuar con arrogancia. Te pido que me enseñes lo que
debo odiar para que tu amor florezca en mi vida. Espíritu Santo,
sopla sobre estos versículos y personalízalos para mí. Dame el valor
para romper el silencio con palabras que liberen a los cautivos. En el
nombre de Jesús, amén.*

INAMOVIBLE POR LA VERDAD

Donde hallé la verdad, allí encontré a mi Dios, quien es verdad.

San Agustín

Aunque todos hemos mentido, la búsqueda de la verdad está entrelazada muy hondo en nuestro ser. Sin la verdad, somos como barcos sin timón, sacudidos por todo viento de doctrina y antojo de emoción, lo cual no nos ayuda, sino que más bien nos lleva al borde de la destrucción. Al perseguir la verdad, accederá a nosotros. La verdad no es un "qué", sino un "quién".

En vez de argumentar sobre lo que es verdad, debemos recordar por qué la verdad es importante. Y una vez que lo recordemos, la verdad se debe vivir porque la verdad está viva. Vivimos la verdad al elevar nuestra alma a nuestro Señor y Salvador, que nos dijo: *"Yo soy el camino, y la verdad, y la vida; nadie viene al Padre, sino por mí"* (Juan 14:6).

Para que esta frase sea cierta, cada elemento debe mantenerse por sí mismo. Si Jesús es *el* camino y no meramente uno de los *muchos* caminos, entonces debe ser cierto que nadie viene al Padre salvo por Él. Si Jesús mintió y representó mal quien era y es solo uno de los muchos caminos al Padre, entonces no puede ser la verdad. Si no es la verdad, es imposible que Jesús sea la vida.

---◇---

> ## Jesús es absolutamente *todo* lo que dice que es o absolutamente *nada*.

Jesús es absolutamente *todo* lo que dice que es o absolutamente *nada*. Es imposible que sea ambas cosas. En palabras de Benjamin Franklin: "Una verdad a medias a menudo es una gran mentira". Cada verdad parcial está sembrada con una mentira. Si Jesús es en verdad el camino, debe ser también la verdad y la vida.

Pero nuestra cultura rechaza los absolutos. Se nos ha llevado a creer que son demasiado restrictivos y severos. La verdad no puede evitar excluir las mentiras, pero lo hace de una forma que es a la vez inflexible y gentil. La verdad debería ser blanda al decirse, e implacable y absoluta en principios. Los absolutos son fundamentales, y los fundamentos son inflexibles. Como tales, los absolutos no son severos o restrictivos, sino protectores. Sin absolutos, que son verdades que no cambian, estamos destinados a construir sobre la arena. Los absolutos son los principios que nos protegen y las convicciones que nos anclan cuando las tormentas de la vida chocan o la tentación nos seduce.

No todos los caminos llevan a Roma

En la antigüedad, las personas decían: "Todos los caminos llevan a Roma", porque en ese entonces Roma era el centro del sistema de carreteras romano. Pero con el paso del tiempo y la caída del Imperio Romano de su arrogante altura de poder, este dicho dejó de ser cierto. Se convirtió en un modismo que significa que todos los caminos finalmente llevan al mismo sitio. Lo que antes era cierto de Roma no se puede aplicar al reino de Dios.

La verdad de Dios no cambia y se transforma a medida que el equilibrio de poder humano y pensamiento cambian. La verdad es más que atemporal… es eterna. El camino a Dios comienza en la puerta: Jesucristo. ¿Por qué iba a enviar Dios a su único Hijo si hubiera otras opciones? ¿Por qué enviaría a Jesús si tan solo era la mejor opción? Yo no ofrecería voluntariamente a ninguno de mis hijos, a menos que fuera la única manera. Solo Jesús es nuestra expiación. Es un grave error creer que todos los caminos llevan a la salvación, aunque todos los caminos lleven a un encuentro con Jesús. Las Escrituras nos dicen:

> *Por lo cual Dios también le exaltó hasta lo sumo, y le dio un nombre que es sobre todo nombre, para que en el nombre de Jesús se doble toda rodilla de los que están en los cielos, y en la tierra, y debajo de la tierra; y toda lengua confiese que Jesucristo es el Señor, para gloria de Dios Padre* (Filipenses 2:9-11).

"Debajo de la tierra" nos habla del mundo demoniaco. Llegará el día en que tendrán que reconocer la supremacía de Jesús, aunque no experimentarán a Jesús como Salvador.

Quizá pienses que toda la verdad es relativa y que no hay razón para ser así de extremista. Quizá creas que lo que es verdad para mí puede que no sea verdad para ti.

Si tienes eso en tu mente, entonces no estamos hablando sobre lo mismo. Cuando hablo de la verdad absoluta, no estoy hablando sobre cosas que podrían ser verdad *de mí*, pero no *de ti*. Por ejemplo, yo soy medio siciliana. Estoy casada. Soy madre y abuela. Todos estos aspectos son ciertos para mí ahora, pero no son ciertos para todo el mundo. Por lo tanto, no son la verdad; son tan solo ciertos. Por el contrario, lo que era verdad acerca de mí hace diez años no necesariamente tiene que ser verdad sobre mí ahora.

Otro ejemplo de algo que es cierto y que a la vez no es la verdad es que fuera de mi ventana el cielo es inmaculadamente azul en Colorado. Puedo declarar con confianza: "¡El cielo es azul!", y durante las próximas horas mis palabras serán verdad. Pero no son la verdad, porque rompen el parámetro de que la verdad debe ser coherente. Cuando el sol se pone, el cielo deja de ser azul. Por lo tanto, lo que era verdad a mediodía no será verdad a medianoche. De muchas formas, me temo que estemos en la medianoche de nuestra alma humana.

"Verdad" describe atributos, etapas, y aspectos de nuestras vidas. Lo que era cierto en una etapa no es necesariamente cierto en la siguiente. Este tipo de verdades vive en el dominio de nuestros mundos particulares y está sujeto a cambios. Todo lo que se aplica solo a algunos no puede ser finalmente la verdad. Una verdad puede ser relativa; la verdad nunca es relativa.

Si no tenemos cuidado con la verdad, se convertirá en una baja en nuestra cultura actual. Por eso todos tenemos que conocer los textos antiguos, para poder discernir la verdad independientemente de la influencia de la opinión pública y de nuestros propios sentimientos sobre un asunto. Cuando una verdad está atada a la perspectiva, se llama *relativismo*. El relativismo es la creencia en que cosas distintas son ciertas, correctas, etc., para diferentes personas o en diferentes momentos. Bajo esta definición, la verdad varía constantemente.

La ideología del relativismo socava el significado de la verdad. Para que algo sea verdad, debe ser verdad en todo tiempo. Si no fuera así, entonces alguien podría mentir y decir que algo era *su verdad*. No se puede permitir que la percepción determine la verdad. Si lo hiciera, todos estaríamos viendo a través de lentes distintos. Necesitamos un Adamante inamovible que ancle nuestra alma a la perspectiva de nuestro Creador.

Como cristianos, no podemos creer que la verdad sea relativa, porque creemos que la Verdad es nuestro pariente, Jesucristo, nuestro hermano, Piedra Angular, Señor y Adamante. La Palabra de Dios (Jesús) nos transforma, mientras que el relativismo nos conforma.

Ser la verdad es un asunto muy distinto a decir la verdad o incluso a describirse con precisión. Aunque fuera posible que alguno de nosotros fuésemos totalmente veraces, nunca podríamos *ser* la verdad.

Podemos decir la verdad.

Podemos vivir la verdad.

Podemos amar la verdad.

Podemos odiar la verdad.

Podemos negar la verdad.

Podemos creer la verdad.

Pero solo Cristo puede afirmar *ser* la verdad.

Buda tenía muchos dichos verdaderos, pero no afirmó *ser* la verdad. Buda reconoció que era un hombre en busca de la verdad. Del mismo modo, Mahoma dijo muchas cosas que eran ciertas, pero no afirmó *ser* la verdad.

Jesús no dijo "Yo persigo la verdad" o "Yo soy una de las muchas verdades". Él dijo: "Yo soy la verdad". Y cuando decimos que todos los caminos llevan a Roma (salvación), llamamos a Jesús mentiroso.

¿Qué es la Verdad?

¿Qué es la Verdad, a fin de cuentas? Desde el comienzo del tiempo, la humanidad se ha planteado esta pregunta. Encontramos nuestra respuesta en las palabras de Jesús en el Evangelio de Juan: *"Santifícalos en tu verdad; tu palabra es verdad"* (Juan 17:17).

Este versículo no dice que la Palabra contenga verdad, que sin duda lo hace, sino que la Palabra de Dios *es* verdad. Jesús es la Palabra hecha carne, así que su vida expresa cómo es vivir la verdad. La verdad nos bendice y nos consagra para que estemos apartados para sus propósitos santos. Fuera de Jesús, quien es verdad, no puede haber santidad. Si la Palabra de Dios es verdad y Jesús es la Palabra hecha carne, entonces Jesús es la verdad. Al final, la verdad no es subjetiva; sin embargo, un día todos estaremos sujetos a la verdad.

Toda palabra de Dios es limpia;
El es escudo a los que en él esperan.
No añadas a sus palabras,
para que no te reprenda, y seas hallado mentiroso.
(Proverbios 30:5-6)

Muchos creen que hemos avanzado en sabiduría y evolucionado en formas más elevadas de razonamiento, y que es el momento de reinterpretar las Escrituras. ¿Cómo podemos imaginar eso cuando hay una agitación global? Cada día oímos de otro acto de crueldad.

Si somos la medida de la sabiduría, entonces parecería que la tierra hubiera sopesado y nos hubiera hallado insuficientes. En vez de imaginarnos iluminados, tenemos que pedir la luz de Dios.

Envía tu luz y tu verdad;
éstas me guiarán;
Me conducirán a tu santo monte,
y a tus moradas (Salmos 43:3).

La luz y la verdad son guías fieles. Dios es luz, la fuente de toda verdad. La luz ilumina y la verdad permanece. La verdad se podría asemejar a unos marcadores y postes indicadores, y la luz es como encontramos nuestro camino. Pero cuando los marcadores se mueven, las personas pierden su camino fácilmente.

Entrad por la puerta estrecha; porque ancha es la puerta, y espacioso
el camino que lleva a la perdición, y muchos son los que entran por
ella; porque estrecha es la puerta, y angosto el camino que lleva a la
vida, y pocos son los que la hallan (Mateo 7:13-14).

Jesús es la puerta estrecha que lleva a la vida. El camino es cierto, pero difícil. Se ha dicho que un Dios amoroso incluiría a todos. Lo hizo, ya que invita a todos a *venir*. El camino se abrió, pero se nos deja escoger qué camino seguiremos. Jesús no nos forzará a entrar por la puerta estrecha. Él no nos mentirá respecto al costo de seguirle. Él no dirá que es fácil cuando no lo es. Él ha ido delante nuestro y nos invita a seguirle:

"si quieren ser mis discípulos, niéguense a sí mismos, tomen su cruz y síganme" (ver Marcos 8:34).

Mateo 7:13 menciona otra puerta. Tiene una entrada ancha que lleva a un camino amplio y fácil. Las palabras en su entrada nos animan a vivir para nosotros mismos, a seguir nuestros sueños. La entrada amplia nos permite llevarnos con nosotros todo lo que queramos. Es una puerta mucho más popular que lleva a la destrucción.

En este mundo, solo vemos como por un espejo tintado, razón por la cual necesitamos que la luz y la verdad nos acompañen mientras perseguimos la vida elevada y santa a la que Dios nos ha llamado. La luz disipa la oscuridad que viene cuando vivimos en la oscura realidad de nuestro propio entendimiento.

El hecho de que la verdad pudiera ser incómoda o impopular no cambia el hecho de que es verdad. La verdad es eterna, entrelazada en la Palabra y los estatutos del Dios Altísimo. La verdad no se sujeta a una encuesta de opinión ni a un concurso de popularidad.

Lo verídico puede ser engañoso

Todos hemos mentido. Algunos hemos mentido creyendo que estábamos diciendo la verdad. Otras veces, sabíamos lo que estábamos haciendo y mentimos descaradamente. A todos nos han mentido. Así como nosotros hemos mentido sin querer, otros nos han mentido sin mala intención, creyendo que nos estaban diciendo la verdad. Y hubo veces en que nos mintieron intencionalmente. No solo que todos hayamos mentido y que nos hayan mentido, sino que también todos nos hemos creído mentiras. De acuerdo, voy a personalizar la frase. *Yo me he creído mentiras.*

Hay muchas razones para mentir. Se dicen mentiras para proteger a las personas de algún daño. Las personas mienten cuando tienen miedo. Se dicen mentiras para impedir alguna pérdida. Las personas mienten cuando no quieren perder una relación, posesión o posición. También se pueden contar mentiras para conseguir estas cosas.

Fuimos creados para la verdad. Así que por mucho miedo que nos dé en alguna ocasión, debemos siempre ser sinceros con nosotros mismos. Mentirnos nos hace sentir incómodos. Hay áreas en mi vida en las que me mentí a mí misma durante años, pero debemos recordar que la verdad a la larga nos guardará.

No solo he aceptado falsedades sobre mí misma, sino que también he escuchado mentiras sobre otros. No puedo comenzar a enumerar las veces que estaba totalmente segura de que algo era cierto y después descubrí que estaba equivocada.

> ## Las mentiras se extienden hasta que se dice la verdad.

Si dependo solo de mí misma, mi capacidad para razonar puede variar desde un pensamiento lógico y planificado hasta totalmente ridículo. Mis sentimientos han secuestrado mi sentido de discernimiento más veces de las que me gustaría admitir, y lo han mantenido cautivo de los dictados de una mentira. Hasta que una mentira no sale de su escondite y se examina a la luz de la verdad, aumentará en su desenfreno. Las mentiras se extienden hasta que se dice la verdad.

Vivir en la verdad

Dijo entonces Jesús a los judíos que habían creído en él: Si vosotros permaneciereis en mi palabra, seréis verdaderamente mis discípulos; y conoceréis la verdad, y la verdad os hará libres (Juan 8:31-32).

Cuando vivimos en la verdad (la Palabra de Dios), conoceremos íntimamente la verdad, y la verdad que vivimos nos hará libres. Vivir en la verdad rompe las cadenas del cautiverio, así de seguro como que vivir en las mentiras nos encadena. Jesús nos invita a la verdad, así como todos fuimos invitados a la fiesta de bodas.

Id, pues, a las salidas de los caminos, y llamad a las bodas a cuantos halléis. Y saliendo los siervos por los caminos, juntaron a todos los que hallaron, juntamente malos y buenos; y las bodas fueron llenas de convidados. Y entró el rey para ver a los convidados, y vio allí a un hombre que no estaba vestido de boda. Y le dijo: Amigo, ¿cómo entraste aquí, sin estar vestido de boda? Mas él enmudeció. Entonces el rey dijo a los que servían: Atadle de pies y manos, y echadle en las tinieblas de afuera; allí será el lloro y el crujir de dientes. Porque muchos son llamados, y pocos escogidos (Mateo 22:9-14).

Todo el mundo está invitado a vivir en la verdad, pero hay un código de vestimenta. Acudimos vestidos de Cristo y su justicia, no con nuestras ropas harapientas. El Cordero es nuestro vestido de bodas, nuestro camino inamovible y Piedra Angular que nos cubre.

La verdad puede resultar ofensiva. Thomas Paine dijo: "El que no se atreve a ofender, no puede ser honesto". Prefiero que la verdad me ofenda a entrar en la eternidad por una mentira. Del mismo modo, prefiero arriesgarme a ofender a las personas antes que mentir.

Jesús ofendió a sus discípulos más cercanos. En el Evangelio de Juan leemos:

Muchos de sus discípulos decían: «Esto es muy difícil de entender. ¿Cómo puede alguien aceptarlo?». Jesús estaba consciente de que sus discípulos se quejaban, así que les dijo: « ¿Acaso esto los ofende?» (Juan 6:60-61 NTV).

¿Por qué se ofendieron? Bueno, Jesús acababa de lanzar una bomba de verdad bastante intensa. Pocos versículos antes había declarado: *"Les digo la verdad, a menos que coman la carne del Hijo del Hombre y beban su sangre, no podrán tener vida eterna en ustedes"* (6:53 NTV).

> ◇
> ¿Seguiremos a Jesús (verdad) aunque no lo entendamos?

De acuerdo. Esto estaba fuera de su marco de referencia. Jesús sabía que sus palabras no tendrían sentido para ellos en ese momento. También sabía que lo entenderían después. Imagino que la pregunta que todos nos hacemos es: ¿Seguiremos a Jesús (verdad) aunque no lo entendamos?

Esta pregunta se tiene que responder en muchos niveles. Debemos responderla como padres, amigos, cónyuges, líderes, consumidores y, más importante aún, como siervos del Dios viviente.

Por ejemplo, si tengo una relación que no es sana, y nunca lo abordo, entonces estoy permitiendo una conducta no sana. No es cristiano quedarse quieto; eso confunde. Todos tenemos la oportunidad de crecer cuando hay sanas confrontaciones y conversaciones. Si no se dice nada y la dinámica continúa, aumentará el resentimiento y de repente habrá una brecha que la otra persona nunca vio venir. Raras veces tenemos un buen resultado con una mala idea. Y ocurre lo mismo cuando no hay idea alguna.

Si algo no se aborda, se aprueba. Cuando no abordamos las cosas, estamos diciendo: "No me importas mucho o ni me preocupa que nuestra relación mejore con el tiempo". Cuando nos interesamos, compartimos. Decimos las cosas de una forma que se puedan escuchar para construir buenos canales de comunicación para el futuro. Si verdaderamente nos importa el cuerpo de Cristo, tenemos que ser cuidadosos de que nuestras acciones e inacciones, palabras y silencios, honren siempre la verdad.

Vivir con valor y convicción

Cuando Dios pone su mano sobre nosotros, es evidente en nuestras vidas. Cuando la Palabra de Dios no solo se predica con valentía, sino que también se vive con confianza, hay una atmósfera de cambio. Hay un cambio de dirección. No solo oímos la verdad… vivimos la verdad. Cuando el Espíritu Santo nos estimula, prestamos más atención, nos erguimos aún más y tenemos una mayor conciencia de que la verdad que llevamos dentro es sagrada. Cuando se predica la Palabra de Dios a través de nuestras vidas, el Espíritu Santo pone acero en nuestras convicciones.

Los que tienen oídos para oír del mismo modo recibirán la sabiduría y el valor para vivir en verdad. La Palabra de Dios cae en buena tierra y produce una cosecha principalmente en nuestra vida. Esto ocurre primero *en* nosotros para que después pueda ocurrir *a través* de nosotros.

Recientemente, tuve una conversación escrita con una hija en la fe, hermosa, joven y valiente. Me preguntaba cómo era posible que personas públicas con grandes dones espirituales tuvieran vidas personales que eran un caos. Sus vidas privadas estaban afectadas por cosas como adulterio, abuso de alcohol, o una falta de transparencia económica. Le expliqué que creo que nuestras vidas predican más alto que nuestros dones. Los dones de Dios son para estar rodeados del fruto del Espíritu, que se cultiva cuando permitimos que la verdad se arraigue en nosotros.

Cuando conocemos la verdad, no podemos actuar como si no la conociéramos. Si no conocemos la verdad, estamos invitados a buscarla. La buscamos en la Palabra de Dios y la vemos en la vida de Jesús. Y una vez que la descubrimos, no podemos continuar cerrando nuestros oídos al clamor ensordecedor de la verdad, en una cultura cautiva de las mentiras que se dice a sí misma. Incluso ahora, personas están descubriendo que lo que pensaban que era libertad en realidad no son más que cadenas. Jesús es nuestra verdad en un mundo de mentiras.

La verdad es tanto un león como un cordero.

La verdad es inamovible, insensible a las mentiras e inflexible ante el río del tiempo.

La verdad habla tan alto en un susurro como lo hace en un grito.

La verdad nunca se fortalece ni disminuye por la opinión.

La verdad es dura, pero nunca ruda.

La verdad no argumenta, porque es la palabra final.

La verdad es más que atemporal; es eterna.

La verdad produce convicción.

Nos oponemos inamoviblemente a cualquier degradación de la verdad al vivir la Palabra de verdad. La verdad debería ser evidente en nuestra vida personal. No podemos escoger permanecer en una postura de callada comodidad cuando tantos están viviendo en la incomodidad de las mentiras.

Amado Padre celestial,

Que tu verdad sea evidente en mi vida. Te pido que me des la fuerza para vivir en el valor de mis convicciones, para hablar tu verdad, y vivir tu verdad. Que mis palabras sean tiernas y nunca rudas. Que cada aspecto de mi vida exprese tu verdad en amor.

INAMOVIBLE EN
LAS PALABRAS

Que no sea posible para el que ha lanzado la piedra recuperarla, no impide que no estuviera en su mano no lanzarla al aire, porque el principio de la acción está en él.

Aristóteles

Nuestras palabras crean ondas de sonido que actúan como muchas piedras lanzadas lejos en un océano llamado el mundo. Según aumenta nuestro acceso a los corazones y oídos de otros, aumenta también nuestra necesidad de responsabilidad y de sabiduría.

Recientemente, escuché que hay un enorme remolino de basura en el Pacífico. Algunos relatos dicen que es más grande que México; otra fuente dice que empequeñece al estado de Texas. A este en particular se le conoce como la "Isla de basura del Pacífico norte". Alcanza más de un millón y medio de kilómetros cuadrados y mide 8.300 millones de toneladas métricas. Esta masa de plástico flota en el océano, atrapada y zarandeada por las corrientes del océano. El plástico puede tardar hasta cuatrocientos años en degradarse, así que hay una preocupación verdadera respecto a que la cantidad de plástico del océano pudiera superar el peso total de la vida marina en el año 2050. Cuando el plástico se rompe en pedazos más pequeños, se lo comen las gaviotas y otras especies de vida marina. Las partículas de plástico finalmente llegan a los peces, que nos los comemos los humanos. Además de matar la vida marina y potencialmente envenenar a los humanos, este peligro biológico podría hacer algún día que navegar por el océano fuera difícil. Mi punto es que el plástico nunca desaparece en verdad, y con el paso del tiempo, las partículas cada vez son menos reconocibles y peligrosas.[1]

No pude evitar hacer un paralelismo entre esta épica cantidad de desperdicio plástico y nuestras palabras excesivas, dañinas y contaminantes.

Leonardo da Vinci se hizo eco de la idea de Aristóteles:

> Si lanza una piedra en un estanque… las ondas, que golpean contra las orillas vuelven a retroceder hacia el punto en el que cayó la piedra; y al encontrarse con otras ondas nunca interceptan el trayecto de la otra… En un estanque pequeño el mismo golpe da a luz a muchos movimientos de avance y retroceso.[2]

Avance y retroceso. ¿Están nuestras palabras haciendo avanzar la causa de Cristo o haciendo que otros retrocedan? ¡Ojalá nuestras piedras estuvieran confinadas a pequeños estanques! Pero cuidado, que provocan y lanzan ondas en un universo de agua. Vivimos en un tiempo en el que no importa lo lejos que lancemos una piedra, ya que su impacto inevitablemente regresará y lo sentiremos en nuestras costas. Si lo que comunicamos es nuestra convicción del amor de Dios, se pondrán en movimiento bandas de bondad. Pero si lanzamos piedras de chisme y murmuración, entonces las ondas que regresarán a nosotros serán del mismo tipo.

Las palabras son algo sagrado que el Creador nos ha confiado. Nadie tiene el derecho de lanzar al océano de opiniones lo que le apetezca lanzar en un momento dado, y después responsabilizar a otros de tener que revisar mensajes mal escogidos. Hacerlo es realmente lo mismo que tirar basura. Cuando nuestras palabras están ahí fuera… están ahí fuera. Somos responsables de lo que hacemos con nuestras palabras. Esto incluye lo que escribimos, decimos, publicamos y republicamos. La gracia no eliminó las advertencias del Nuevo Testamento. Escuchemos a Santiago:

> *Hermanos míos, no os hagáis maestros muchos de vosotros, sabiendo que recibiremos mayor condenación* (Santiago 3:1).

Enseñar incluye impartir, comunicar, explicar, mostrar, instruir, educar, clarificar y demostrar. Este versículo no está reservado solamente para los maestros. Si hacemos cualquiera de estas cosas, la advertencia también es para nosotros. Publicar en las redes sociales, en el blog y enseñar en nuestra iglesia es algo que se debería hacer con un espíritu de verdad, sabiduría y responsabilidad relacional y teológica. Todo lo que escribimos, enseñamos y decimos debe alinearse con el consejo de las Escrituras.

¿Opinión versus convicción?

Ser inamovible en palabra requiere la capacidad para discernir entre opinión y verdad. Las opiniones son fáciles de formar y difíciles de guardar para nosotros. Si no tenemos cuidado, dar y recibir opiniones puede volverse adictivo. Tenemos en nuestros dedos acceso a lo que todo el mundo piensa y siente. A la vez, tenemos la capacidad de poner en el océano de opiniones, en cuestión de segundos, cualquier opinión que tengamos. Puede ser emocionante oír lo que todos están diciendo, especialmente cuando nos hablan a nosotros. Pero aquí es donde debo advertirte: no les des demasiado poder sobre ti a las opiniones de relativos extraños. No dejes que los extraños te hieran con las flechas de sus descuidadas palabras. No le des a tu comunidad virtual más acceso a ti, que a la verdadera. Naciste para escalar montañas, no meramente para ojear teléfonos. Naciste para una conexión cara a cara, no para los emoticonos. Habla la Palabra de Dios en vez de solamente hacerte eco de ella en "me gusta" y "compartir". Ninguna de estas cosas está mal, pero están lejos de ser suficientes. Fuiste creado para involucrarte.

> Las opiniones son fáciles de formar y difíciles de guardar para nosotros.

No te enredes en la comparación cuando en lo más hondo de ti tienes hambre de algo más. Fuiste diseñado para tu Creador. ¿Por qué escuchar a extraños cuando te han invitado a una conversación íntima con el Altísimo? Dios te ha invitado a venir a su misma presencia. Es ahí, libre de comparación y distracción, donde el Espíritu Santo soplará vida en ti y te pondrá de pie, y llenará tu boca con su Palabra. Haz lugar en tu vida para el Espíritu de Dios.

Vivimos en un tiempo en el que existen más opiniones que convicciones, lo cual es duro. Las opiniones nos desestabilizan mientras que las convicciones nos afirman. Las convicciones están apegadas a sistemas de creencias. Las opiniones no tienen restricciones, como muchas botellas de plástico flotando en el océano. Las opiniones tienen que ver con algo o alguien, y tienden a ir con lo que está ocurriendo en la cultura. Como cristianos, deberíamos tener convicciones que estén moldeadas por las Escrituras, y esas convicciones deberían moldear nuestras opiniones. No permitas que las opiniones desarraiguen tus convicciones.

Firme

Mantén tus ojos abiertos, aférrate a tus convicciones, da lo mejor de ti, sé firme (1 Corintios 16:13 The Message, traducción libre).

¿Qué significa ser firme? Significa inamovible. Inflexible, intransigente e invencible.

Como una persona con un tipo de personalidad extrovertida, intuitiva, sentimental y perceptiva, comúnmente conocida como ENFP (por sus siglas en inglés, referente a los dieciséis tipos de personalidad del Indicador Myers-Briggs desarrollado por el psiquiatra Carl Jung), este es un reto para mí. Por defecto, pongo mis sentimientos y los de todos los demás en el asiento del conductor de mi vida. Quiero que todos estén bien, se sientan bien, sean felices, se les escuche y se les incluya. A la vez, puedo tener una opinión muy fuerte y ser ferozmente apasionada con todo, desde mi café matutino hasta asuntos de justicia social. (Sí, ¡es agotador!) Estaría sola si no fuera por la Palabra de Dios. Sin ella, sería como una cometa sin una cola, volando en un momento y al instante dándome un batacazo contra el suelo. Tengo que decidir intencionalmente que mis opiniones se someterán a mis convicciones. Si no lo hacen, cualquier viento de cultura popular puede abordarme.

Las redes sociales pueden magnificar tanto nuestras debilidades como nuestras fortalezas. Hace años, me enredé en unas conversaciones en Facebook. Estaba trabajando bajo la impresión de que quizá no me estaba explicando lo suficientemente bien, y si no podía ser más clara, entonces la luz iría con los que estaban debatiendo conmigo. No estaba llegando a ningún sitio porque sin darme cuenta me había involucrado en una discusión con un trol (¡Te dije que eran reales!).

Me detuve solo porque uno de mis hijos vio por casualidad el intercambio, tomó su teléfono y me explicó: "Mamá, no quieren entender. Quieren pelear contigo delante de una gran audiencia. Están usando tu plataforma para atacarte. ¡Deja de hablar con ellos! Bloquéalos".

Me preguntaba si podía bloquear a alguien. ¿No era malo hacerlo? No, en este caso era un movimiento para proteger mi plataforma y a las personas que la visitaban. Hay una gran diferencia entre la comunicación social y la comunicación hostil.

Esto fue una revelación, por decirlo suave.

Lo que estábamos discutiendo no era un asunto de importancia eterna. Era una cuestión de opiniones en vez de una convicción fundamental. Todos hemos visto a una multitud en las redes sociales yendo como una turba por una persona o un asunto… rápido. Como resultado, he aprendido a tener fuertes convicciones y amables opiniones.

Las redes sociales son definitivamente una de las áreas en las que el reto de la turba es el mayor. Tienes permiso para publicar y continuar. Usa tu regalo de las palabras para bendecir, fortalecer, animar y guiar. Sigue a personas que hagan lo mismo. Afirma lo que merece afirmación, interactúa con lo que es saludable, haz preguntas con respeto, pero vive para agradar a Dios y no a los hombres. Lo hemos visto advertido en las Escrituras:

> *Pero tienes que ser consciente de que en los últimos días la cultura de la sociedad caerá tan bajo en la degradación que será extremadamente difícil para el pueblo de Dios* (2 Timoteo 3:1 TPT, traducción libre).

◇

Así como nos hemos vuelto inamovibles en la verdad de Jesús como el camino, aprendamos también a ser inamovibles en nuestras palabras, basados en nuestras convicciones.

En la versión Reina Valera, este versículo dice: *"También debes saber esto"*, y describe los tiempos como *"peligrosos"*. La Nueva Versión Internacional nos advierte así, *"ten en cuenta... vendrán tiempos difíciles"*. The Message dice que no seas ingenuo. Vienen por delante tiempos difíciles.

Por lo que a mí respecta, sé que la dificultad ya ha empezado. La degradación siempre comienza con un debilitamiento sistemático de la estructura y la verdad. Así como nos hemos vuelto inamovibles en la verdad de Jesús como el camino, aprendamos también a ser inamovibles en nuestras palabras, basados en nuestras convicciones. Hagamos nuestro el mensaje de Pablo a la iglesia primitiva:

> *Porque conocemos, hermanos amados de Dios, vuestra elección; pues nuestro evangelio no llegó a vosotros en palabras solamente, sino también en poder, en el Espíritu Santo y en plena certidumbre, como bien sabéis cuáles fuimos entre vosotros por amor de vosotros. Y vosotros vinisteis a ser imitadores de nosotros y del Señor, recibiendo la palabra en medio de gran tribulación, con gozo del Espíritu Santo* (1 Tesalonicenses 1:4-6).

Es tiempo de escuchar, y me atrevo a decir obedecer, a Aquel que nos dio el privilegio de las palabras. El mismo que confundió los lenguajes hace tanto tiempo en la torre de Babel podría habernos callado, pero en su lugar decidió enseñarnos en su don del habla.

Cuando estaba escribiendo *Sin rival*, estaba trabajando en un capítulo que cubría un tema acerca del cual no podía ser neutral: el género. En mi primer borrador, confrontaba sistemáticamente las distorsiones de otro líder, convencida de que no tenía que dejar ninguna piedra sin remover. Mi prosa se convirtió en un ir y venir hasta que me di cuenta de que estaba perdida en el bosque de las opiniones, así que envié el capítulo a una de mis amigas de confianza.

Ella me dijo con mucho cariño que mis palabras se habían convertido en una bronca. En algún momento del camino había pasado de escribir a desahogar y, al hacerlo, estaba llevando a mi audiencia a una disputa. Me señaló qué parte debía eliminar… era la mitad del capítulo. Escuché. Lo edité. Y me alegro de haberlo hecho. No podemos arriesgarnos a andar a la deriva por el universo de las opiniones. Todos necesitamos personas en nuestra vida que nos digan lo que nosotros no queremos oír. Estas son personas con las que tenemos una relación verdadera. Personas que son accesibles y tienen nuestro número de teléfono. Personas a las que nos sometemos. Sí, lo dije. Si no estamos bajo autoridad, entonces no tenemos una verdadera autoridad. Un cierto número de seguidores no nos otorga autoridad. Un círculo íntimo en el que damos cuentas a otros sí nos lo da.

> Todos necesitamos personas en nuestra vida que nos digan lo que nosotros no queremos oír.

Vivimos en una cultura en la que las opiniones vuelan sin revisar y las palabras se lanzan como misiles tanto a extraños como a amigos. Esto es totalmente contrario a la advertencia encontrada en el libro de Santiago (sean rápidos para escuchar, tardos para hablar y lentos para la ira [ver 1:19]). Las personas a menudo permiten que sus palabras echen alas sin darse cuenta de lo que han soltado sobre un mundo no consciente. En este tiempo de fácil acceso y baja responsabilidad, realmente no tenemos forma de saber el alcance de nuestras palabras o la medida de su efecto. No podemos contener lo que no podemos medir.

Me mantengo alejada de ciertos foros porque la Escritura nos aconseja: *"Pero desecha las cuestiones necias e insensatas, sabiendo que engendran contiendas"* (2 Timoteo 2:23). Si no tengo toda la información, no necesito intervenir en ese asunto. Si no soy responsable, ¿realmente tengo que responder? Mis opiniones pueden fluctuar según mis sentimientos sobre algo o alguien. Intento (todo lo posible) no permitir que mis opiniones respecto a algo dirijan mis convicciones.

Para que nos impulse la verdad y no la opinión, debemos familiarizarnos con la verdad que se encuentra en las Escrituras, y a veces necesitamos ayuda para discernirla. Una amiga mía compartía que estaba leyendo algunas cosas que le llegaron, pero ya estaba emocionalmente involucrada con la escritura del autor, así que se lo llevó a su marido. Él lo leyó línea a línea y destacó dónde la escritura había cambiado de la verdad bíblica a la experiencia del autor. Incluso el apóstol Pablo confrontó a Pedro cuando vio a Pedro viviendo de una forma entre los gentiles y de otra entre los judíos. Todos necesitamos personas que nos digan la verdad.

El poder de las palabras

Las palabras son semillas que pueden producir vida o muerte. Las palabras son piedras que pueden edificar o matar. No digamos que amamos las Escrituras para después contradecirlas con nuestras palabras. Las palabras son preciosas, y peligrosas.

En el Oriente Medio, el apedreamiento era y es una forma de castigo capital que se adoptó para que ninguna persona pudiera ser culpada por la muerte del culpable. Los apedreamientos suceden también en nuestro mundo occidental. La única diferencia es que nosotros practicamos un apedreamiento distinto. No lanzamos piedras… lanzamos palabras. Y mientras más personas participen en el lanzamiento de palabras, menos culpables nos sentimos. Si todo el mundo está diciendo algo, entonces nadie es culpable, ¿verdad?

Nuestra cultura puede que afirme este tipo de razonamiento, pero nosotros no podemos hacerlo. Nosotros respondemos a un propósito y estándar más alto. No somos ciudadanos de este mundo. Somos embajadores de un reino eterno. Entendemos el poder de las palabras aunque esta tierra no lo entienda. No podemos darnos el lujo de apedrear a otros, porque sabemos mejor que eso, y aquellos que saben mejor están empoderados para hacerlo mejor.

La lámpara de la Palabra de Dios y la guía de su Espíritu son esenciales si queremos navegar por este universo de opiniones. Las mentiras escalan bajo la cobertura de la confusión. Yo no tengo todas las respuestas, y sería imposible que yo hablara a tu situación concreta. No quiero decirte cómo actuar; debo señalarte hacia la fuente y ponerte en disposición de escuchar y aprender.

Chisme

Seamos conscientes de lo que decimos y dejemos de apenar a Dios. El chisme nunca ha glorificado a Dios, y a veces, el chisme es lo único que mueve las redes sociales. La primera vez que contristé al Espíritu de Dios lo sentí de inmediato. Nadie tuvo que decírmelo. Yo lo sabía. No recuerdo lo que dije. Recuerdo lo que sentí. De repente, había un aleteo perturbador en mi estómago… casi como un presentimiento de alarma advirtiéndome de un peligro inminente.

Fue similar al sentimiento que experimenté de niña cuando les mentía a mis padres. Había años que no había sentido eso. De hecho, había pasado la última década diciendo todo lo que quería. No me había molestado antes cuando había dicho algo sobre alguien en no muy buenos términos. ¿No estaba repitiendo tan solo lo que había visto y oído? ¿Por qué estaba sintiendo eso cuando todos mis pecados habían sido perdonados?

Lo que no entendía al principio de mi caminar cristiano era que todo había cambiado al invitar al Espíritu Santo a ser mi consejero en todas las cosas. ¡Él se toma su trabajo en serio!

La mayoría nunca robaríamos, asesinaríamos o maldeciríamos a otra persona intencionalmente, pero el chisme puede hacernos culpables de hacer estas tres cosas. Sé que mi boca me ha causado más problemas que cualquier otra cosa en mi vida. Tristemente, lo que he dicho ha causado problemas también a otros. He perturbado el corazón de mi esposo con palabras negligentes más veces de las que me gustaría admitir. He perturbado a mis hijos con palabras demasiado débiles o demasiado fuertes. He hablado en contra de cosas sobre las que no tenía ningún derecho a hablar. Me he quedado callada cuando debería haber actuado. También sé que las palabras de otras personas me han causado más problemas de los que pensé que sería posible.

Palabras que sanan

Las palabras pueden ser una de las fuerzas más constructivas y una de las más destructivas del planeta. Sin embargo, tan cierto como que he sido herida por las palabras de personas, la Palabra de Dios me ha sanado. Esto ha sucedido cuando otros han declarado la verdad de la Palabra de Dios en y sobre mi vida. Ha ocurrido en mis tiempos de devoción y oración cuando un pasaje o versículo de repente me ha cautivado. En un instante, todo cambia y mis ojos se abren. Cuando escuchamos y creemos la sabiduría de nuestro Creador, tenemos la oportunidad de aprender lo correcto de la forma más fácil.

> *La religión pura y sin mácula delante de Dios el Padre es esta: Visitar a los huérfanos y a las viudas en sus tribulaciones, y guardarse sin mancha del mundo* (Santiago 1:27).

Amamos este versículo. Pero ¿con qué frecuencia escuchamos las palabras del versículo previo al citado?

> *Si alguno se cree religioso entre vosotros, y no refrena su lengua, sino que engaña su corazón, la religión del tal es vana* (Santiago 1:26).

Palabras deshonestas

No te arriesgues a manchar lo que haces con lo que dices. Santiago nos está diciendo que si actuamos bien y hablamos mal, nuestra religión es engañosa y sin sentido. ¿Por qué? Porque nada revela la condición de nuestro corazón más que lo que decimos.

> No te arriesgues a manchar lo que haces con lo que dices.

Lo siento, amigos. Tenemos trabajo por hacer.

El libro de Santiago continúa diciendo:

> *Porque todos ofendemos muchas veces. Si alguno no ofende en palabra, éste es varón perfecto, capaz también de refrenar todo el cuerpo. He aquí nosotros ponemos freno en la boca de los caballos para que nos obedezcan, y dirigimos así todo su cuerpo* (3:2-3).

Jesús fue el único hombre perfecto que habló solo lo que escuchaba decir a su Padre. Santiago, el hermano de Jesús, usa una interesante opción de imágenes aquí. Hay una correlación entre las palabras que decimos, o no decimos, y la dirección de nuestras vidas. Después pasa de viajar por carreteras a navegar por las corrientes del mar.

> *Mirad también las naves; aunque tan grandes, y llevadas de impetuosos vientos, son gobernadas con un muy pequeño timón por donde el que las gobierna quiere* (3:4).

Incluso cuando los vientos son fuertes y la vida parece abrumadora, declarar la Palabra de Dios nos guía por las tormentas de la vida.

> *Así también la lengua es un miembro pequeño, pero se jacta de grandes cosas. He aquí, ¡cuán grande bosque enciende un pequeño fuego!* (3:5)

No quememos el lugar ni descarrilemos o hagamos descarrilar a nuestros hermanos y hermanas.

Durante la Segunda Guerra Mundial, la frase "Labios sueltos hunden barcos" se usaba para recordar a las personas el posible peligro que suponían las conversaciones imprudentes. Las personas necesitaban ser conscientes de no dar descuidadamente información que los enemigos encubiertos pudieran usar. En tiempos de guerra, nunca podemos estar seguros de quién está escuchando.

¿Quiere Dios lanzar algo en tu vida que pudieras estar hundiendo con tus palabras? ¿Estás montando ese ponny en dirección errónea?

Quizá hay un ascenso o una oportunidad que esperas conseguir.

Quizá hay una relación que quieres ver cómo se arregla y se restaura.

Quizá hay oraciones que tus palabras y acciones están socavando.

Quizá estás hablando en el momento de escuchar.

Quizá tu tono no es el correcto.

Quizá has comenzado la conversación correcta con las personas indebidas.

Quizá estás en un tiempo de aprendizaje.

Quizá tienes más preguntas que respuestas.

Mateo 12:36-37 nos promete: *"Pueden estar seguros de esto: cuando llegue el día del juicio, todos darán cuentas de toda palabra descuidada que hayan dicho. Tus palabras se usarán como evidencia en contra tuya, y tus palabras declararán si eres inocente o culpable"* (TPT, traducción libre).

Somos juzgados por lo que decimos y por cómo decidimos responder a lo que dijo Jesús. Quiero que mis palabras honren su vida. Al final, quiero crear discípulos, no atraer turistas religiosos.

Preguntas correctas, audiencia incorrecta

Vivo con varios varones, lo cual significa que puede ser difícil para mí poner las manos en el control remoto. Recientemente, estábamos fuera de vacaciones y buscando algo que pudiéramos ver como familia, cuando el hombre a cargo del control remoto hizo una pausa en una escena de *El padrino*. Como deferencia a mis raíces sicilianas, estoy compartiendo la cita que oímos: "Nunca le digas a nadie que no sea de la familia lo que estás pensando".

"Nunca" probablemente funciona solo en el ámbito de la mafia, pero aún así podemos hallar algo de sabiduría aquí. Las familias saludables siguen siendo el mejor lugar para procesar lo que pensamos. No hay familias perfectas, solo familias saludables comprometidas con el crecimiento de todos sus miembros.

Quizá estés pensando: *Espera, Lisa. Ninguno de mis familiares son cristianos.* Quiero que te sientas libre para pensar en tu familia en términos mayores. Eres bienvenido a procesar las cosas dentro de la familia de la fe. La familia son las personas que están ahí para ayudarte. Podrían ser las personas con las que adoras, tu grupo de célula o incluso empleados cristianos que trabajan contigo. Las redes sociales no es familia. Las redes sociales son geniales para participar, pero no para procesar.

La película también nos dio esta frase: "Nunca te vuelvas a poner de lado de nadie contra la familia. Jamás".

Nuestra familia de fe tiene problemas. ¿Necesita crecer la iglesia en lo referente al empoderamiento de las mujeres? ¡Sí! ¿Han mejorado las cosas? ¡Sí! ¿Hay aún asuntos que tratar? ¡Sí! Pero ¿qué ganamos cuando nos ponemos del lado de otros contra la novia de Dios?

Recientemente, hubo un tweet que invitaba a las mujeres a compartir sus agravios con el liderazgo de la iglesia y cómo ellos tratan a las mujeres. Se hizo viral. Muchas mujeres sumaron sus voces a la conversación, y se convirtió en una batalla campal. Observé que si alguien decía que su experiencia con la iglesia era buena, se le callaba.

¿Tenía que producirse esta conversación? Sí, pero me pregunto si las redes sociales es el canal correcto para señalar un problema, aunque sea uno bueno para ofrecer una solución.

Si tienes la respuesta, ¡declárala desde los tejados de cada red social! Pero si quieres quejarte, criticar o plantear algo, asegúrate de tener la atención de las personas correctas. Saber quién está en tu mesa es imposible cuando estás trabajando con las redes sociales. Hablemos con las personas correctas sobre las preguntas correctas.

Patrocinar foros que dañen la Iglesia en las redes sociales o en cualquier foro público es parecido a exponer a la novia cuando se cree que se está comportando mal. ¿Es eso útil cuando la Escritura nos dice que hay un sistema mundial que ya nos odia? ¿Beneficia esto a las personas que están en el valle de la decisión y que no tienen contexto alguno de nuestras disputas?

Públicamente, deberíamos humillarnos y reconocer que no hemos amado bien. Después deberíamos levantarnos juntas y hablar de lo que podría ser, en vez de denunciar lo que es. Con demasiada frecuencia estamos teniendo las conversaciones correctas con las personas incorrectas. Cuando hacemos eso, todos parecemos estúpidos.

Viral

⸻⸻◇⸻⸻

Seamos constructores, en lugar de demoledores de lugares de adoración.

A veces, cuando algo se vuelve viral, las personas son infectadas en lugar de influenciadas. Tengamos cuidado de que nuestras publicaciones provoquen un cambio duradero en vez de un nombre para el que publica. Seamos lentos para atacar el cómo y lo que otros han construido. Seamos constructores, en lugar de demoledores de lugares de adoración. Yo también he sido víctima de todos los prejuicios contra las mujeres. Tengo casi sesenta años, y aún me atacan algunos por ser seductora u osada. Me niego a detener lo que estoy construyendo para discutir con los comentarios vanos de unos pocos. Estoy ungida para profetizar, no para criticar, y para construir en vez de derribar. ¡Y tú también!

Para obtener la respuesta correcta, tenemos que reunir a las personas correctas en la mesa. Esto significa invitar a mujeres mayores y jóvenes de todas las razas a la conversación. Cuando estas conversaciones se producen en nuestras comunidades reales, tenemos el beneficio de las preguntas de las hijas, las respuestas y experiencia de las madres, y la sabiduría y la perspectiva de las abuelas. Este es un cordón de tres hilos que no se rompe fácilmente.

Medir nuestras palabras

Las redes sociales pueden ser una herramienta para hacer mucho bien. Tenemos el poder de alentar al alcance de nuestros dedos. Se puede difundir información rápidamente. Se puede pedir oración por cualquier cosa, desde una necesidad personal hasta una crisis nacional. Muchos de ustedes fueron lo suficientemente amables para orar por mí mientras escribía este libro. En muchos frentes, las redes sociales pueden ser útiles, alentadoras, retadoras, informativas e incluso educativas.

No me tomo a la ligera el privilegio o la responsabilidad de las redes sociales. A veces he cometido errores y no he sabido medir mis palabras. Habiendo dicho esto, también he descubierto que puedo escoger las palabras cuidadosamente y aún así ser malentendida. Esto se debe a que realmente no sabemos a quién le estamos hablando, que es una de las claves para una comunicación eficaz. Todos tienen distintos filtros mediante los cuales oyen y ven.

Yo intento usar las redes sociales para ministrar a los que me conceden el honor de tener acceso a sus vidas. Algunas de mis publicaciones son tontas y divertidas, y otras son serias. Este es el ritmo de la vida. Algunos días hago el baile de las redes sociales mejor que otros. He aprendido a limitar mis opiniones (aunque ciertamente las tengo). Hago mi mayor esfuerzo por no decir cosas que contradigan las Escrituras o cómo vivo.

Guardo silencio cuando no puedo decir algo bonito sobre alguien o algo (No es fácil).

Una de las mejores formas de guardar nuestro corazón es guardar las palabras que permitimos que entren en nuestras vidas. Hay veces en que otros distan mucho de ser amables. Estoy segura de que has experimentado los efectos secundarios de matones y troles en las redes sociales. En el transcurso de un día, me llaman de todo, desde mamá leona a mujer hereje que debería guardar silencio (Y estas son las cosas menos fuertes). En todo esto, he aprendido a desarrollar una piel gruesa y un corazón tierno.

Con la gran cantidad de emociones presentes y disponibles para uno y todos en las redes sociales, yo limito intencionadamente los dramas personales que permito entrar en mi vida. En el contexto de nuestro tiempo, volvamos a leer las palabras de 2 Timoteo 2:23-26:

> *Pero desecha las cuestiones necias e insensatas, sabiendo que engendran contiendas. Porque el siervo del Señor no debe ser contencioso, sino amable para con todos, apto para enseñar, sufrido; que con mansedumbre corrija a los que se oponen, por si quizá Dios les conceda que se arrepientan para conocer la verdad, y escapen del lazo del diablo, en que están cautivos a voluntad de él.*

No todo ni todos merecen una respuesta. A veces, una respuesta valida su necedad. No todos necesitan saber que nos han maltratado. Somos más grandes que eso. Necesitamos tomar nuestro dolor y llevarlo al juzgado de nuestro Padre, en vez de llevarlo al jurado de una turba sin rostro.

¿Popular o influyente?

Recientemente, sentí que el Espíritu Santo me preguntaba: "Lisa, ¿quieres ser popular o influyente?".

Yo respondí: "Influyente".

Para navegar con éxito por este mundo testarudo, tenemos que hacernos regularmente esta pregunta: ¿popular o influyente? Quizá estás leyendo este libro porque sabes que tienes un llamado a ser alguien que influya para bien. Esto significa que a veces asumirás una posición que es menos que popular. Para entenderlo un poco más, definamos estos términos y subrayemos sus diferencias.

Popular significa que caes bien, prevalente, aceptado, novedoso, común y moderno. No hay nada malo en ser popular, mientras no permitamos que la popularidad nos controle. La popularidad puede tener sus propios y particulares altibajos, como sabe cualquiera de las que hemos estudiado la secundaria.

La popularidad se forma y se pierde con mucha más rapidez que la influencia. Podemos incitar a las personas y formar popularidad. Podemos decirles a las personas lo que quieren oír y ser populares. Podemos decirles a las personas cosas que no deberían oír y ser populares.

Influyente, por el contrario, significa poderoso, importante, persuasivo, eficaz, convincente y destacado. Para propósitos prácticos, podríamos ser influyentes y a la vez relativamente desconocidos en los círculos populares de nuestra cultura. Estoy convencida de que en el cielo descubriremos que muchos de los que son más influyentes en las cortes del cielo eran personas relativamente desconocidas en las calles de la tierra. Son aquellos que estuvieron dispuestos a sembrar en secreto, que pasaron más tiempo de rodillas hablando con Dios que haciéndose *selfies*. Con este fin, me he propuesto en mi corazón ser influyente.

Idealmente, sería maravilloso ser ambas cosas. Tengo algunas amigas que se las han arreglado para hacer esta complicada danza de forma brillante. Pero nunca comenzaron con el deseo de ser populares, sino que tan solo querían ser halladas fieles. Por aquí es exactamente por donde todos los que desean ser testigos de Cristo deberían comenzar. Ser fiel e influyente significa escoger nuestras palabras con cuidado y, como con el precioso regalo de la gracia, no usar nuestra libertad de expresarnos como una licencia para pecar.

Aunque nuestro gobierno nos conceda el derecho de decir lo que queramos, al final respondemos a un reino superior. ¿Por qué iba alguno de nosotros a ser libres con las opiniones, cuando se nos ha concedido acceso ilimitado a la sabiduría del Dios Altísimo? La Palabra de Dios adivina los pensamientos e intenciones, no solo los pensamientos sin la intención. Durante el transcurso de mi vida, he demostrado frecuentemente que es cierto el proverbio de que en la multitud de mis palabras, alguna de ellas será inadecuada.

> *En las muchas palabras no falta pecado;*
> *Mas el que refrena sus labios es prudente.*
> (Proverbios 10:19)

Espero que estés de acuerdo en que las redes sociales no siempre son saludables, y que definitivamente no son una familia. En ellas solo podemos ver lo que las personas deciden enseñarnos. A veces esto significa que vemos solo lo mejor de ellos, y otras veces solo lo peor. A veces, lo único que dicen y nos enseñan es una mentira. No puedo ni comenzar a decirte cuántas personas han fingido ser yo y después han pedido dinero para un orfanato que no existe.

Virtual versus real

Sinceramente, es mucho más fácil invertir en una comunidad virtual que cultivar una real. Escribir frases en un teléfono celular es mucho más fácil que tener conversaciones francas con amigos y familiares. Publicar en un blog nos permite sembrar palabras que producen una atención inmediata y una retroalimentación positiva, mientras que mi comunidad real insiste en que practiquemos la paciencia porque las conversaciones reales surgen de otra manera. Una gran diferencia es la necesidad de permitir que otros hablen.

Las comunidades virtuales pueden ser buenas o malas, saludables o abusivas. Las comunidades virtuales saludables fomentan nuestra participación y relaciones con nuestras comunidades reales. Si las tuyas están haciendo esto, es que son buenas.

Nunca han existido tantos blogueros encantadores y persuasivos. Yo sigo algunos blogs para áreas específicas como comer sano e ideas sobre liderazgo. Dicho esto, tengo mucho cuidado de a quién permito tener influencia en cómo pienso. Quiero saber que rinden cuentas a alguien o algo. La popularidad no se equipara necesariamente con la responsabilidad.

Cuando estamos solos o batallando, nos sentimos rápidamente atraídos hacia los círculos de otros que también están solos y batallando. Quizá estamos tratando con la depresión posparto o un trastorno alimentario.

> La popularidad no se equipara necesariamente con la responsabilidad.

Conectamos porque hay un terreno común. Es bueno saber que no estamos solos y que alguien nos entiende. Estas conexiones pueden ser saludables y sanadoras mientras inevitablemente nos señalen hacia la salud y nuestra verdadera fuente de fortaleza. Donde estas comunidades se tuercen es cuando permitimos que otros piensen por nosotros.

Quizá hemos conectado con alguien en línea de una forma que comenzó saludablemente. Nos encantaba su atractiva personalidad, vulnerabilidad e increíble sinceridad. Nos gustaba cómo decía en voz alta lo que otros solo se atrevían a pensar. Nos encantaba cómo sus palabras se entrelazaban con ese sentimiento. Pero si no nos anclamos en la comunidad y en las Escrituras, no pasará mucho tiempo hasta que la forma en que esa persona siente sobre un asunto se convertirá en cómo nos sentimos nosotros. Está bien que sus preguntas sean las nuestras mientras sepamos adónde ir para encontrar respuestas.

Por ejemplo, si una mujer se queja de no disfrutar del sexo con su esposo, ¿simplemente cuestionamos nuestro disfrute también, o buscamos formas de fomentar la intimidad?

Quizá el matrimonio de una bloguera se ha terminado. El cierre está escrito con términos poéticos, y ya existe la promesa de un nuevo comienzo, un nuevo compañero. En vez de ver el divorcio como el desgarre de dos almas, la bloguera lo acelera y lo convierte en una victoria por la verdad y el amor. Cuando nos involucramos más emocionalmente con una persona virtual que con nuestro propio cónyuge, corremos el riesgo de ver nuestro matrimonio a la luz de su experiencia. Nos preguntamos si dejar a nuestro cónyuge sería lo más honesto y valiente que podríamos hacer.

De acuerdo, aprieta un momento el botón de pausa. ¿En serio?

El matrimonio es un pacto delante de Dios. Si no te gusta tu matrimonio, cultívalo. Deja tu teléfono, cierra tu computadora portátil, y deja atrás las mentiras de la comparación. Pasen tiempo el uno con el otro.

Nunca defenderé que sigas en un matrimonio en el que tú o tus hijos estén en peligro o que tu cónyuge te sea infiel. Estoy hablando de situaciones en las que tú ya no "sientes" nada. En este caso, dejarlo puede parecer al principio más fácil de hacer que el duro trabajo de cultivar tu relación. Pero cuando Dios está en el proceso de rehacernos para transformarnos en personas inamovibles, inflexibles e invencibles que aman bien, lo fácil no es la ruta que Él escoge. Él quiere formarnos en palabra y en fortaleza.

No lo hagas público

Los desacuerdos dentro del cuerpo de Cristo no son algo nuevo. En su primera carta a la iglesia en Corinto, Pablo escribió:

> ¡Y cómo se atreven a llevarse unos a otros al juzgado! Cuando piensan que les han hecho algo malo, ¿tiene algún sentido ir a los juzgados que no saben nada de los caminos de Dios en vez de ir a la familia de cristianos? Viene el día en que el mundo estará delante de un jurado compuesto de seguidores de Jesús. Si algún día van a reinar la suerte del mundo, ¿no sería una buena idea practicar con algunos de estos casos menores? (6:1-2 The Message, traducción libre)

Hoy día, llevar a alguien a los juzgados sería algo semejante a hacer público un asunto privado. El patrón establecido en las Escrituras es que vamos a los que nos han ofendido, primero a solas y después con un amigo. La postura que adoptamos es la de mansedumbre, y el objetivo de la conversación es la restauración y la verdad. Usar las redes sociales como un sistema de justicia es una pesadilla no bíblica. Una turba no tiene consideración por la inocencia o ni siquiera por la precisión.

La carta de Pablo a Timoteo es cierta como un mensaje urgente para nuestro tiempo.

> *No sean ingenuos. Nos esperan tiempos difíciles. A medida que se acerca el fin, la gente se volverá egocéntrica, con ansias de dinero, se promocionarán a sí mismos, se volverán creídos, profanos, despectivos hacia los padres, groseros, rudos, despiadados, inflexibles, calumniadores, impulsivamente salvajes, cínicos, traidores, crueles, parlanchines inflados, adictos a la lujuria y alérgicos a Dios. Harán de la religión un espectáculo, pero entre bambalinas son animales. Mantente alejado de tales personas* (2 Timoteo 3:1-5 The Mensaje, traducción libre).

¿Te resulta familiar? Egocéntricos y amantes del dinero. Sí. Autopromoción y creídos. Sí. Profanos, despectivos hacia los padres, groseros y rudos. Sí. Creo que no hay ninguno que no se cumpla. Pablo continúa advirtiendo a Timoteo de lo que estará en riesgo cuando este tipo de cultura sea la norma:

> *Este tipo de personas son las que hablan con labia en los hogares de mujeres necesitadas e inestables y se aprovechan de ellas; mujeres que, deprimidas por su pecaminosidad, prueban cada religión nueva que se llama a sí misma "verdad"* (2 Timoteo 3:6 The Message, traducción libre).

Este pasaje es duro de oír... especialmente como mujer. Para prestar atención al aviso de Pablo, todas necesitamos respirar hondo y permitir que el Espíritu Santo lo enmarque para nosotras. Creo que es justo decir que este versículo describe a mujeres que viven fuera de una comunidad saludable y del propósito que Dios les ha dado. Cuando cualquiera de nosotros (hombre o mujer) nos aislamos y sentimos inútiles, nos convertimos en presa fácil de los que se aprovecharán de nosotros.

Todos sabemos que fuimos creados para algo más que lo rutinario. El aburrimiento y la depresión pueden llevarnos a vivir vicariamente a través de otros. Comentamos en blogs, pasamos horas en las redes sociales, y nos enredamos en un drama que no es nuestro. Seamos sinceros: es más fácil publicar opiniones que orar. Cuando sabemos que somos llamados a construir algo, pero nos falta la oportunidad, somos vulnerables a los oportunistas.

Por otro lado, a veces nos volvemos inestables y necesitados cuando nos involucramos demasiado y no tenemos tiempo para atender nuestra alma. Podría contarte muchas historias que he conocido tanto de hombres como de mujeres que viven vidas tan extraordinariamente ocupadas que les dejan totalmente agotados, y después comienzan aventuras amorosas por la Internet.

Mi primera reacción era: ¿quién tiene tiempo para eso? Apenas hay tiempo para hablar con tu cónyuge; ¿cómo es posible que puedas tener tiempo para escribir cosas a extraños? Después me di cuenta de que una aventura amorosa en línea es una vía de escape. Es un lugar fingido donde no tienen que ser responsables. En vez de editar sus vidas para hacer espacio, se sabotean a sí mismos.

Es el momento de tener algunas conversaciones familiares difíciles. Cierra la computadora portátil. Deja a un lado el teléfono. Habla con tus hijos. Involúcrate con tu cónyuge. Tómate un café con una amiga. Habla con las personas por teléfono. Asegúrate de dedicar tiempo para invertir en lo que es real.

Sí, la Iglesia necesita escuchar las necesidades de sus hijas. Las mujeres están heridas. La reunión de mujeres anual es algo bueno, pero no es suficiente ni mucho menos. Las mujeres me dicen que están cansadas de estudiar y nunca hacer, pero llevar nuestras frustraciones a la Internet no lo arregla. Denunciar las cosas que no están funcionando no es suficiente. Seamos parte de construir una infraestructura saludable para el cuerpo de Cristo. Sigamos el ejemplo de los primeros seguidores de Jesús, que comían y estudiaban juntos. Ir al mundo y hacer discípulos comienza con nuestro mundo inmediato.

En muchas iglesias, las mujeres tienen permiso, pero no posición. Para cambiar esto, necesitamos sentarnos y tener las conversaciones correctas con las personas correctas. Las asociaciones en línea son buenas, pero una "amiga" escritora, bloguera o de Facebook no te mira a los ojos. Alguien en Twitter no puede abrazarte con sus brazos. Necesitamos personas cercanas y personales. Con tantas palabras, estamos despersonalizando a muchísimas personas que necesitan a Jesús.

> Ir al mundo y hacer discípulos comienza con nuestro mundo inmediato.

Mientras trabajaba en este capítulo, Proverbios y Eclesiastés sirvieron como guía para ser inamovible en las palabras. En el apéndice 2 he incluido cincuenta proverbios para ayudarte a escoger tus palabras y lo que entra en tu mente, para que puedas enmarcar tu vida sabiamente.

Amado Padre celestial,

Que pueda abrir mi boca con sabiduría, y que la enseñanza de la amabilidad esté en mi lengua (adaptado de Proverbios 31:26). Muéstrame a mi familia, con quienes pueda tener conversaciones inspiradas desde el cielo sobre las preocupaciones que tengo. Perdóname por olvidarme de que tú estás comprometido a lavar y preparar a tu Novia. Usaré mis palabras para edificar en lugar de destruir, para sanar en vez de herir, para profetizar en vez de criticar. Amén.

TRANSFORMACIÓN INAMOVIBLE

Adoración es la sumisión de toda nuestra naturaleza a Dios. Es el despertar de la conciencia mediante su santidad, la alimentación de la mente con su verdad, la purificación de la imaginación mediante su belleza, la apertura del corazón a su amor, la rendición de la voluntad a su propósito.

William Temple

Hace poco, me llevé a tres de mis nietos a recoger cerezas por nuestro vecindario. No sé si fue porque solo veo con un ojo o porque había olvidado lo que era cuidar a tres pequeños, pero al poco tiempo uno de ellos estaba en peligro. Mientras acercaba una rama bajándola de altura para que Sophia pudiera llegar a las cerezas, gritó: "¡Lizzy!", y señaló en dirección a la calle. Me di la vuelta a tiempo para llegar a ver a Lizzy, que tenía dos años, andando como un pato por la carretera. Solté la rama y corrí hacia ella, ya que un vehículo se aproximaba.

Grité: "¡Para! ¡Lizzy, ven aquí!". Lizzy se dio la vuelta, con mirada de travesura en sus ojos. Puso una sonrisa encantadora y siguió su camino. Ella pensaba que era un juego de persecución. Agitando mis brazos, me interpuse en la dirección del vehículo, dudando si el conductor podía ver el regordete cuerpecito de Lizzy, y haciéndole señas para que se detuviera, ya que era aparente que Lizzy no tenía intención de detenerse.

Le alcancé en el medio de la carretera, justo cuando se preparaba para cruzar al segundo carril. La cargué en mis brazos y apreté su cuerpo contra mi corazón acelerado mientras ella aún se retorcía. Esperamos en la seguridad que nos daba el medio mientras el tráfico de los dos carriles pasaba a nuestro lado, antes de cruzar de nuevo la calle para reunirnos con su hermano y su hermana.

Lizzy seguía riéndose, con la certeza de que todo había sido una gran aventura. A fin de cuentas, ¿cómo podía saber una niña de dos años lo que era una colisión con un vehículo? Sophia, su hermana de cinco años, nunca había experimentado un encuentro con un vehículo, pero sabía bien que no era bueno, y yo sabía a ciencia cierta que era peligroso y potencialmente mortal. Puedes estar seguro de que durante el resto del día Lizzy estuvo en mis brazos, o firmemente asida de mi mano.

Estoy convencida de que ninguno de ustedes cuestionaría mi actitud con Lizzy... segura en mis brazos o firmemente asida de mi mano. Todos sabemos el daño que pueden hacer los automóviles. Mi conocimiento me llevó a lanzarme al tráfico y salvar a Lizzy de ella misma.

———————◇———————

Estamos aquí para declarar libertad a todo aquel que haya sido tomado cautivo.

En este capítulo voy a dejar la seguridad de la acera y me lanzaré de nuevo a los peligros de una carretera de dos carriles con tráfico. Espero que oigas mi corazón, porque si no permitimos que nuestro Señor transforme nuestra manera de pensar, vivir y amar, muchas personas nunca verán su amor o su luz en el transcurso de nuestras vidas. No queremos correr el riesgo de vivir como los fariseos y poner sobre una generación cargas que nosotros no hicimos nada por llevar (ver Mateo 23:4).

Vivimos en un tiempo en el que se requiere sabiduría y compasión. Estamos aquí para declarar libertad a todo aquel que haya sido tomado cautivo. Somos agentes de liberación. No somos guardas de prisión, alcaides o jueces que escogen quién será liberado. Por el contrario, la respuesta a la confusión de nuestro tiempo no se encuentra en llamar a la prisión un lugar de libertad.

Entablar

> *No juzguéis, para que no seáis juzgados. Porque con el juicio con que juzgáis, seréis juzgados, y con la medida con que medís, os será medido. ¿Y por qué miras la paja que está en el ojo de tu hermano, y no echas de ver la viga que está en tu propio ojo? ¿O cómo dirás a tu hermano: Déjame sacar la paja de tu ojo, y he aquí la viga en el ojo tuyo? ¡Hipócrita! saca primero la viga de tu propio ojo, y entonces verás bien para sacar la paja del ojo de tu hermano* (Mateo 7:1-5).

Como recaudador de impuestos que había sido antes, Mateo sabía exactamente lo que era que otros te juzguen. Algo que podemos sacar de este pasaje es *¡no juzgues!* Esto es bueno, pero es una representación incompleta de este pasaje. Veamos un poco más de cerca lo que se nos dice. Al poco tiempo de convertirme en cristiana, yo sentía mucho juicio de otros cristianos, el cual intentaba evadir devolviendo el mismo juicio. Por ejemplo, los dos pendientes en cada una de mis orejas se consideraban escandalosos y una forma de automutilación. Yo respondía llamando a esos cristianos religiosos intolerantes. ¡Gracias a Dios que no tenía acceso a un blog! Mis etiquetas se quedaban en mi corazón, y ¿qué juicio era más duro de los dos? Voy a caer sobre la espada y a decir que el mío era peor.

Mi doble pendiente les confundía, pero yo condenaba a mis acusadores.

Ellos tenían una paja, mientras que yo tenía madera suficiente en mi ojo para construir todo un centro de entretenimientos. Mi viga me impedía ver su paja. Para cambiar esto, tenían que suceder varias cosas. Primer paso: yo tenía que admitir que tenía una viga.

Un tablón en el ojo actúa como una venda… lo único que vemos es oscuridad en otros. Llevemos esto un poco más lejos; nadie quiere que alguien que tiene los ojos vendados le haga ningún tipo de cirugía. Quitémonos la venda y tratemos nuestros propios asuntos para poder ayudar, en vez de continuar hiriendo a otros.

Verás, nuestro amigo que está siendo juzgado en Mateo 7 tenía razón: su hermano tenía una paja que había que quitar. Es tan solo que Jesús lo llamó hipócrita por evadir y señalar lo que hay mal en otro, cuando él estaba ciego ante su propio estado. Ayudar a otros en este estado es contraproducente. La Iglesia apunta con su dedo al mundo, mientras que Dios quiere que permitamos que su Palabra nos golpee en el pecho con toda su fuerza.

¿Acaso nos ha llevado a algún lugar quejarnos por los males de nuestro tiempo?

La Biblia es clara en que se produce un cambio cuando cambiamos nuestra postura.

> *Si se humillare mi pueblo, sobre el cual mi nombre es invocado, y oraren, y buscaren mi rostro, y se convirtieren de sus malos caminos; entonces yo oiré desde los cielos, y perdonaré sus pecados, y sanaré su tierra* (2 Crónicas 7:14).

Dios mira la postura de su pueblo. Este pasaje dibuja una actitud de adoración y arrepentimiento. Sin amor, podemos tener toda la razón y estar totalmente equivocados.

Nuestra tierra necesita sanidad.

Esta sanidad comienza por nosotros.

Comienza cuando el pueblo de Dios se humilla, ora, busca el rostro de Dios, y se aleja de sus propios caminos malvados. ¿Te das cuenta de cuán poderoso es esto? No importa quién tiene el poder. No importa qué leyes se hayan aprobado. Nosotros no tenemos que convertir a los demás de sus malos caminos… simplemente quitar nuestros tablones y después actuar en consonancia.

La transformación comienza cuando nos responsabilizamos de nuestros propios asuntos y decidimos vivir la verdad. La transformación no se mide por la verdad que conocemos, sino que se refleja en la verdad que vivimos. El amor es clave en nuestro proceso de transformación. Sin los factores de fe, esperanza y amor, la transformación es imposible. Esta falta de amor es la razón misma por la que ha habido un alejamiento de la santidad y la transformación.

> La transformación comienza cuando nos responsabilizamos de nuestros propios asuntos y decidimos vivir la verdad.

Es también por lo que no es popular ahora decir que algo o alguien podrían estar equivocados. Incluso la Iglesia ha adoptado la postura más políticamente correcta de decir que no hay absolutos y que lo que está mal para mí podría estar bien para ti. Esto no es suficiente. Una generación sin convicciones es una generación sin transformación.

Yo quiero cambiar. Este mundo necesita que yo cambie. Cada día es otra oportunidad de seguir a Jesús y ser cambiado a su semejanza. Estoy muy agradecida de que Dios me despojara de la vergüenza que me cubría para vestirme con su manto de justicia. Jesús no respaldó mi esclavitud llamando a mi vergüenza actos justos. Ni dijo que mis ropas de inmundicia estaban limpias, sino que las lavó en su Palabra.

La vergüenza nunca es algo que somos, pero a veces la vergüenza es algo que sentimos. Hay ocasiones en que nuestras acciones solo se pueden llamar vergonzosas. Yo me he comportado de formas vergonzosas. Eso no me hace ser una vergüenza; significa que dije e hice cosas de las que me avergüenzo. Cuando permitimos que la vergüenza nos haga alejarnos de Dios, intentamos taparnos con hojas de higuera y a cambio culpar a quienes nos rodean. Podemos escoger permitir que la vergüenza nos separe de Dios, o huir de la oscuridad y permitir que su luz y amor nos vinculen de una forma más profunda a nuestro Creador.

A la luz de su amor y santidad, Dios finalmente elimina nuestra vergüenza.

Mi vergüenza no se eliminó porque yo pusiera excusas por mi mala conducta y pecado. No puedo mirar atrás y decir que mis prácticas vergonzosas eran honorables a la luz de mis circunstancias. Mi vergüenza fue eliminada cuando me alejé de una vida de mentiras y decidí vivir en la verdad.

La transformación no miente ni niega nuestra desnudez.

No dice que el desnudo está vestido.

No se esconde de la presencia de Dios detrás de hojas de higuera y de árboles.

La transformación comienza cuando admitimos nuestra desnudez.

Confiesa nuestros intentos fallidos de intentar cubrirnos con adornos temporales y hojas de higuera de la tierra.

Admite que esas cosas realmente nunca nos cubren.

Deja a un lado todos los vanos intentos humanos, y pide a nuestro Padre santo que nos vista con la verdad.

Cuando nos sometemos al señorío de Cristo, dejamos a un lado nuestras prácticas vergonzosas y egoístas y caminamos como hijos de luz. Efesios 4:21-25 describe este intercambio:

> *Ya que han oído sobre Jesús y han conocido la verdad que procede de él, desháganse de su vieja naturaleza pecaminosa y de su antigua*

manera de vivir, que está corrompida por la sensualidad y el enga-
ño. En cambio, dejen que el Espíritu les renueve los pensamientos
y las actitudes. Pónganse la nueva naturaleza, creada para ser a la
semejanza de Dios, quien es verdaderamente justo y santo (NTV).

¡Deséchalo! El Espíritu Santo de gracia nos empodera para eliminar nuestra antigua naturaleza caída y trapos de inmundicia de la justicia propia como si fueran sudarios. (¡Porque lo son!) ¿Por qué alguien iba a querer ponerse un vestido nuevo encima de otro viejo y sucio? Tarde o temprano, la mancha y el hedor del vestido sucio traspasarían y estropearían el nuevo. Y ninguno querríamos llevar el peso de vestir ambos. Desechamos la vieja naturaleza con sus antiguos patrones al renovar nuestra mente y actitudes hacia lo bueno y santo.

Cuando *sabemos* más, lo *hacemos* mejor.

Cuando *conocemos* la verdad (Jesús), tenemos el poder para *hacer* la verdad.

La lujuria ya no tiene el derecho de distorsionar nuestros anhelos. La avaricia y el engaño de las riquezas ya no tienen el derecho de velar nuestras mentes. En lugar de llamar nuevo a lo viejo, nos renovamos.

Otra mirada a la tolerancia

En sí misma, la tolerancia suena humana. Pero lo que toleramos en nosotros mismos, no cambiará; en lo que decidimos ser intencionalmente intolerantes, sí.

> Lo que toleramos en nosotros mismos, no cambiará; en lo que decidimos ser intencionalmente intolerantes, sí.

Recientemente, estaba en casa de mi hijo, y una de mis nietas (a la que no nombraré) pensó que era una buena idea ampliar los usos del gel antiséptico de *manos*. Se lo dio a beber a uno de sus hermanos a quien no le gustó, y enseguida se lo dijo a su padre. Cuando su padre se enteró de lo ocurrido, no toleró para nada esta práctica. Hubo una conversación amorosa, pero firme, respecto al uso del gel antiséptico de manos. Le confiscó el bote a su hija hasta asegurarse de que no confundiría las manos con la boca nunca más.

¿Estaba su padre siendo malo con ella? ¡Por supuesto que no! Algo que *protege* nuestras manos por fuera podría *contaminarnos* por dentro. Él estaba intentando mantener sanos y salvos a los de su casa. Ella no sabía mejor, pero él sí. Cuando sabemos algo, enseñamos a otros. No podemos esperar que un hijo entienda que no todos los líquidos que huelen bien se pueden consumir. Primero tenemos que enseñarles para que en un futuro sepan mejor qué hacer.

Por favor, sé valiente en este momento y no pienses en esta verdad en términos de otros. Arrópate con ella.

¿Qué toleras o con qué te conformas en tu propia vida?

¿Cuáles son algunas áreas en las que necesitas ser menos tolerante e incluso intolerante en el futuro?

¿Qué está bloqueando tu transformación?

Imita a Dios

Efesios 5 nos advierte:

> *Por lo tanto, imiten a Dios en todo lo que hagan porque ustedes son sus hijos queridos. Vivan una vida llena de amor, siguiendo el ejemplo de Cristo. Él nos amó y se ofreció a sí mismo como sacrificio por nosotros, como aroma agradable a Dios* (vv. 1-2 NTV).

Me encanta lo bien que expresa la traducción Passion estos versículos (traducción libre):

> *Sigan a Dios e imiten todo lo que él hace en todo lo que hagan, porque entonces representarán a su Padre como hijos e hijas amados. Y sigan caminando rodeados del extravagante amor de Cristo, porque*

él rindió su vida como un sacrificio por nosotros. Su gran amor por nosotros fue agradable a Dios, como un aroma de adoración, una dulce fragancia en el cielo y la tierra.

Estos dos primeros versículos contienen poco que argumentar. Pablo acaba de hablar de la importancia de la amabilidad. Todos queremos imitar a nuestro Padre celestial al comportarnos como su Hijo, Jesús. Esto significa que lo primero y más importante es caminar en amor. Jesús fue la expresión más pura de amor, pero imitar a Jesús también significa caminar en pureza, rendición y obediencia. El siguiente versículo sigue describiendo cuál debería ser nuestra conducta en un tiempo saturado de todo lo ilícito e impuro:

Que no haya ninguna inmoralidad sexual, impureza ni avaricia entre ustedes. Tales pecados no tienen lugar en el pueblo de Dios. Los cuentos obscenos, las conversaciones necias y los chistes groseros no son para ustedes. En cambio, que haya una actitud de agradecimiento a Dios (Efesios 5:3-4 NTV).

La traducción Passion expresa Efesios 5:3-4 de esta forma (traducción libre):

Este amor no tiene nada que ver con la inmoralidad sexual, lujuria o egoísmo, porque ustedes son sus santos y nadie puede acusarles de ello de forma alguna. Cuiden su lenguaje. Dejen las obscenidades e insultos bajos; estas son palabras absurdas que producen desgracia y son innecesarias. En su lugar, dejen que la adoración llene su corazón y salga por sus palabras al permanecer cada uno en la bondad de Dios.

Creo que todos sabemos que personas en la iglesia pueden ser malintencionadas en ocasiones. En vez de aceptar estos versículos para purificarnos, los usamos para perseguir a los que hemos considerado más culpables. Los límites del amor y la responsabilidad se han enturbiado. En su mayor parte, esto se debe a que personas (cristianos) no han amado o vivido bien la verdad. Sé que tú quieres que esto cambie.

Para ayudarnos a amar y vivir la verdad bien, quiero desplegar tres ideas del libro de Romanos:

1. la realidad de nuestro Dios

2. la realidad de nuestro tiempo

3. la realidad de nosotros mismos

El tercer punto es donde pretendo centrar la mayor parte de nuestro estudio. Es donde examinaremos nuestro corazón y quitaremos los tablones.

Voy a citar cada versículo de dos versiones, la RVR-60 y The Message, para que si algo pudiera no quedar claro en una, podamos verlo claro en la otra. Primeo, abordemos la realidad de nuestro Dios.

La realidad de nuestro Dios

> *Porque lo que de Dios se conoce les es manifiesto, pues Dios se lo manifestó. Porque las cosas invisibles de él, su eterno poder y deidad, se hacen claramente visibles desde la creación del mundo, siendo entendidas por medio de las cosas hechas, de modo que no tienen excusa* (Romanos 1:19-20).

> *Pero la realidad básica de Dios es muy clara. Abre tus ojos ¡y ahí está! Dando un largo y detenido vistazo a lo que Dios ha creado, la gente siempre ha podido ver lo que sus ojos como tales no han podido ver: poder eterno, por ejemplo, y el misterio de su divino ser. Así que nadie tiene una buena excusa* (The Message, traducción libre).

---◇---

> Todo lo creado revela a Aquel que nadie creó.

Todo lo que vemos declara la existencia del Dios invisible. Todo lo que sabemos revela la realidad de lo desconocido. La creación revela un Dios de maravilla e ilimitada creatividad. Si nadie nos hubiera dicho jamás que existe un Creador, la sinfonía de la naturaleza atraería nuestros ojos y oídos hacia su existencia. Todo lo creado revela a Aquel que nadie creó. Solo nuestro Dios es supremo. Él es el Señor tu Dios, el único y por encima de todo. Los Salmos dibujan magníficas descripciones del Dios Altísimo:

> *Porque Dios es grande, y digno de mil aleluyas. Su tremenda belleza hace que los dioses parezcan baratos; los dioses paganos son meros andrajos y trapos. Dios creó los cielos, el esplendor real emana de él, una belleza poderosa lo separa de todo* (Salmos 96:4-6 The Message, traducción libre).

Y:

> *El fuego se derrite ante él, fulgurante por encima de las abruptas montañas. Sus relámpagos iluminan el mundo; la tierra, con los ojos abiertos, tiembla de temor. Las montañas miran a Dios y se derriten, se derriten como la cera delante del Señor de la tierra* (Salmos 97:3-5 The Message, traducción libre).

Es imposible leer estos versículos y de algún modo pasar por alto el asombro.

La realidad de nuestro tiempo

Cuando hago una pausa y considero la realidad de nuestro tiempo, me veo a mí misma haciéndome esta pregunta una y otra vez: "Padre, ¿qué ha ocurrido?". Al seguir leyendo el libro de Romanos, los siguientes versículos tratan acerca de cómo se ha producido un cambio:

> *Pues habiendo conocido a Dios, no le glorificaron como a Dios, ni le dieron gracias, sino que se envanecieron en sus razonamientos, y su necio corazón fue entenebrecido. Profesando ser sabios, se hicieron necios* (1:21-22).

Y The Message (traducción libre):

> *Lo que ocurrió fue esto: La gente conocía a Dios perfectamente bien, pero cuando no le trataron como a Dios, rehusando adorarle, se trivializaron en necedad y confusión, con lo que no hubo ni sentido ni*

dirección en sus vidas. Fingieron saberlo todo, pero eran analfabetos respecto a la vida.

Cuando deshonramos a Dios y degradamos quién es Él con la expresión de nuestras vidas, inevitablemente nos trivializamos a una vida analfabeta. Esto significa que leemos, pero nunca entendemos verdaderamente. Con toda la creación declarando su realidad, es difícil no reconocer que hay un Creador, pero conocer *acerca* de Dios es muy distinto a *adorarlo*. Una cosa es reconocer su existencia y otra muy distinta doblar la rodilla. Solo podemos conocer a Dios si le adoramos. Cuando deshonramos al dejar de honrar aquello para lo que fuimos creados, nuestro pensamiento se tuerce. La palabra escogida en la Reina Valera es *envanecido*; esto significa algo inútil, vano y estéril. Esto describe el pensamiento sin utilidad o la capacidad de construir. The Message lo parafrasea diciendo que fingieron saberlo todo, pero eran analfabetos respecto a la vida.

El concepto de reflexionar y hacer una pausa para adorar se ha convertido en un arte perdido.

La realidad de nuestro tiempo pesa sobre todos nosotros. Nunca ha existido una generación con más acceso a la información y a la vez con menos claridad de propósito. Tenemos algunos desafíos muy reales cuando se trata de las conexiones relacionales saludables. Desarrollamos personas virtuales a expensas de nuestras verdaderas conexiones relacionales. Hemos aprendido a ir de una cosa a otra, quedándonos raras veces lo suficiente en un lugar antes de salir del mismo. El concepto de reflexionar y hacer una pausa para adorar se ha convertido en un arte perdido.

El libro de Romanos sigue diciendo lo que ocurre cuando rehusamos adorar a Dios y pasamos nuestro tiempo en otras cosas:

Y cambiaron la gloria del Dios incorruptible en semejanza de imagen de hombre corruptible, de aves, de cuadrúpedos y de reptiles. Por lo cual también Dios los entregó a la inmundicia, en las concupiscencias de sus corazones, de modo que deshonraron entre sí sus propios cuerpos, ya que cambiaron la verdad de Dios por la mentira, honrando y dando culto a las criaturas antes que al Creador, el cual es bendito por los siglos. Amén (1:23-25).

Y The Message (traducción libre):

Cambiaron la gloria de Dios que sostiene el mundo entero en sus manos por figuritas baratas que pueden comprar en cualquier puesto ambulante. Así que Dios dijo: "Si eso es lo que quieren, eso es lo que tendrán". No pasó mucho tiempo cuando ellos estaban viviendo en una pocilga, llenos de suciedad, sucios por dentro y por fuera. Y todo esto porque cambiaron al Dios verdadero por un dios falso, y adoraron al dios que ellos crearon en vez del Dios que les creó a ellos, el Dios al que bendecimos, el Dios que nos bendice. ¡Oh, sí!

Nuestra cultura occidental ha cambiado la gloria del mundo eterno por la gratificación inmediata de lo que podemos comprar, tocar y controlar. En gran parte hemos rechazado al Creador, que nos elevaría más, y hemos acudido a la adoración de su creación, que nos hunde. Al dirigir nuestros corazones a los ídolos de la ambición y la avaricia, nos hemos rebajado a nosotros mismos con impureza sexual.

Antes de que llegues a la conclusión de que esto describe a un sector limitado, piensa en lo que comparte el escritor Preston Sprinkle en su libro *People to Be Loved*: "La referencia a 'impureza sexual' aquí no está limitada a relaciones entre personas del mismo sexo. Es una frase genérica que incluye sexo fuera del matrimonio, adulterio, violación y todo tipo de otros pecados sexuales cometidos tanto por personas gays como personas heterosexuales".[1]

Mi culpa se encuentra en esta lista. Yo venía de una larga lista de fornicadores. Honestamente, la pornografía y la perversión en todas sus formas se han hecho populares. El mundo occidental ha despertado en una pocilga y se ha preguntado cómo llegaron a un estado tal.

Cuando nos alejamos de Dios, su mano de restricción se retira y somos liberados para ir por nuestro camino. Esta verdad no es distinta a lo que ocurrió con los israelitas en el desierto. Perdieron el asombro de la provisión de Dios de maná y demandaron carne. Pensaron que la carne fortalecería sus cuerpos. Dios les dio codornices, pero con ello vino la fragilidad del alma. Cuando demandamos las cosas a nuestra manera, a menudo nos perdemos a nosotros mismos. Como escribe Pablo:

> **Cuando demandamos las cosas a nuestra manera, a menudo nos perdemos a nosotros mismos.**

Por esto Dios los entregó a pasiones vergonzosas; pues aun sus mujeres cambiaron el uso natural por el que es contra naturaleza, y de igual modo también los hombres, dejando el uso natural de la mujer, se encendieron en su lascivia unos con otros, cometiendo hechos vergonzosos hombres con hombres, y recibiendo en sí mismos la retribución debida a su extravío (Romanos 1:26-27).

Y:

Y siguió lo peor. Al rehusar conocer a Dios, tampoco supieron ser humanos, las mujeres no supieron cómo ser mujeres, los hombres no supieron cómo ser hombres. Sexualmente confundidos, abusaron y rebajaron al otro, mujeres con mujeres, hombres con hombres, fue todo lujuria carente de amor. Y pagaron por ello, sí, cómo pagaron por ello, vacíos de Dios y de amor, desdichados impíos y sin amor (The Message, traducción libre).

Hay muchas cosas espantosas en estos dos versículos, pero cada frase señala al hecho de que ninguno sabe cómo ser humano fuera de la sabiduría de nuestro Creador. Es en el conocimiento de Dios donde encontramos nuestra humanidad. Es el conocimiento de Dios lo que nos mantiene libres de contaminarnos, al margen de qué forma pudiera adoptar esa degradación (adulterio, egoísmo, crueldad, fornicación, etc.).

Sin embargo, me temo que nuestra cultura se ha olvidado de lo básico. La mayoría de las películas americanas celebran la violencia, y después nos sorprende ver violencia en nuestros hogares, escuelas y calles. La programación televisiva, ya no digamos nada de los anuncios, promueve el sexo de todo tipo. Estamos expuestos a mucho más de lo que deberíamos, y esta exposición ha provocado cosas con las que nuestras generaciones anteriores nunca tuvieron que lidiar diariamente.

Nuestros sistemas educativos públicos están siendo presionados para animar a niños de la escuela intermedia entre 11 y 12 años a autoidentificar su género en la edad posiblemente más confusa de su vida. ¿Se nos ha olvidado lo difícil que era la secundaria? (Ya hace mucho tiempo, ¡pero aún recuerdo lo traumático que era!).

Si alguien me hubiera pedido que me identificara a mí misma en los primeros años de la escuela intermedia, hubiera dicho que era un unicornio. Solo intentaba descubrir qué estaba pasando con mi propio cuerpo y la razón por la que no me crecía el pecho. Prefería mirar a las chicas en los vestuarios para sortear esta etapa tan confusa, que mirar a los chicos.

Es normal tener curiosidad por el mismo sexo durante este periodo de tiempo; todos están intentando descubrir qué está pasando en su cuerpo. ¿Por qué no estamos protegiendo este proceso? ¿Por qué estamos sexualizando a nuestra juventud?

No se les pregunta a las personas que están en una transición de jovencito a hombre o de jovencita a mujer que se autoidentifiquen. ¿Realmente vamos a permitir que los sistemas escolares y nuestra cultura sexualicen a nuestros niños y perviertan su pubertad? Algunas escuelas incluso están enseñando interacciones entre personas del mismo sexo, donde chicas se besan con otras chicas y chicos besan a otros chicos y les dicen a los niños que si tienen una respuesta sexual a lo que ven, es por que son *gays*.

No. Si tienen una respuesta sexual, es porque Dios nos hizo para responder sexualmente a las interacciones sexuales, punto. Cuando vemos algo sexual, nuestros cuerpos tienen una reacción sexual. Esto es cierto, ya sea que estemos casados o solteros, seamos heterosexuales o *gays*, mayores o jóvenes. No significa que estemos engañando a nuestras parejas o ni siquiera que queramos tener sexo con las personas que vimos teniendo sexo.

Dentro del pacto del matrimonio, la pasión entre un hombre y una mujer es honorable. Fuera del matrimonio, lo honorable se convierte en deshonroso. Esta es la razón por la que el adulterio y la fornicación se consideran una ruptura del pacto. Después están las pasiones a las que la Biblia se refiere en las varias traducciones como contra naturaleza o vergonzosas. Estas incluyen homosexualidad, incesto, pedofilia y bestialismo. Y aquí es donde debo hacer una pausa. Romanos 1 nos recuerda que todos hemos pecado. El egoísmo y la calumnia son tan graves como el adulterio y la homosexualidad.

El costo del pecado

> No importa lo que hayamos hecho o con quién lo hayamos hecho. Él nos redimirá.

Romanos 1:27 continúa con la mención de un castigo o costo para los que ceden a esta mentalidad. Quiero ser clara en que *nunca* es Dios quien nos hace pagar. Él es quien nos invita a la transformación, a escoger la vida y la bendición, en vez de la muerte y las maldiciones. Él nos invita, a todos los pródigos que despertamos en la pocilga de una vida desperdiciada, a volver con el Padre, donde nos espera una túnica, un anillo y una fiesta a nuestro regreso a casa. Él es nuestro Dios *incluso ahora* que nos dice: "*Venid luego, dice Jehová, y estemos a cuenta: si vuestros pecados fueren como la grana, como la nieve serán emblanquecidos*" (Isaías 1:18). No importa lo que hayamos hecho o con quién lo hayamos hecho. Él nos redimirá.

Pero cuando edificamos nuestras vidas con el cemento suelto de la idolatría, el pecado sexual y la avaricia, nuestra vida finalmente se colapsará, y el derrumbe es costoso. Cuando gastamos todo con la esperanza de que otra persona, otro género, otra droga, otro automóvil, otra casa y otra adicción finalmente nos satisfagan, nos estamos preparando para el fracaso. Las personas quebrantadas de nuestro tiempo están tan desesperadas por estar bien que están dispuestas a ir hasta los extremos más lejanos, y parte de la razón es porque no estamos modelando bien nuestra transformación.

Romanos continúa:

> *Y como ellos no aprobaron tener en cuenta a Dios, Dios los entregó a una mente reprobada, para hacer cosas que no convienen* (1:28).

Y The Message (traducción libre):

> *Como no se molestaron en reconocer a Dios, Dios dejó de molestarles y les permitió correr libremente.*

> **Corrimos de las restricciones de un Padre amoroso solo para descubrirnos encadenados a la ruina.**

Somos personas corriendo sueltos. Corrimos de las restricciones de un Padre amoroso solo para descubrirnos encadenados a la ruina. Somos como los israelitas cuando todos hacían lo que les parecía bien. Los siguientes versículos de Romanos describen en detalle cuál podría ser el aspecto de una persona sin ninguna restricción de Dios:

> *Estando atestados* [los que rehúsan adorar a Dios] *de toda injusticia, fornicación, perversidad, avaricia, maldad; llenos de envidia, homicidios, contiendas, engaños y malignidades; murmuradores, detractores, aborrecedores de Dios, injuriosos, soberbios, altivos, inventores de males, desobedientes a los padres, necios, desleales, sin afecto natural, implacables, sin misericordia* (1:29-31).

Y The Message (traducción libre):

> *Y entonces el infierno se desató: maldad incontrolada, asaltos y avaricia, traiciones despiadadas. Hicieron que la vida fuera un infierno en la tierra con su envidia, excesivos asesinatos, peleas y engaños.*

Míralos: malvados, venenosos, injuriadores de Dios con su lengua malvada. Matones, fanfarrones, charlatanes inaguantables. Siguen inventando formas nuevas de arruinar vidas. Abandonan a sus padres cuando se interponen en su camino. Estúpidos, falsos, crueles, despiadados.

Y después de esta lista descorazonadora del aspecto de una cultura que rehúsa honrar y adorar a Dios, Pablo concluye su descripción con el versículo 32:

Quienes habiendo entendido el juicio de Dios, que los que practican tales cosas son dignos de muerte, no sólo las hacen, sino que también se complacen con los que las practican.

Y no es que no sepan hacerlo mejor. Saben perfectamente que le están escupiendo a Dios en la cara, y no les importa, peor aún, dan premios a los que hacen mejor las peores cosas (The Message, traducción libre).

La verdad es que todos merecíamos la muerte. Pero hasta hace poco, nunca soñamos con pedirles a otros que aprobaran o incluso recompensaran los patrones destructivos de nuestras antiguas elecciones de estilo de vida (avaricia, inmoralidad, orgullo, chismes, celos, etc.). Cuando aceptamos a Cristo, la gracia nos empoderó para dejar atrás esas prácticas que nos posicionaban bajo la ira de Dios. No podemos usar mal los versículos bíblicos sobre la gracia para validar lo que nos comprometía en el pasado. Esto pone fin a la realidad de nuestro tiempo. Ahora, para la parte inamoviblemente importante.

La realidad de nosotros

Pero a fin de cuentas nosotros no somos hijos de nuestro tiempo, somos hijos de la eternidad. Así que avancemos de lo que es a lo que podría ser al abordar la realidad de nosotros mismos, lo cual se abre ante nuestros ojos en Romanos 2:

Por lo cual eres inexcusable, oh hombre, quienquiera que seas tú que juzgas; pues en lo que juzgas a otro, te condenas a ti mismo; porque tú que juzgas haces lo mismo. Mas sabemos que el juicio de Dios contra los que practican tales cosas es según verdad. ¿Y piensas esto, oh hombre, tú que juzgas a los que tal hacen, y haces lo mismo, que tú escaparás del juicio de Dios? (vv. 1-3)

Y The Message:

Estas personas están en una espiral oscura descendente. Pero si piensas que eso te sitúa en un lugar elevado desde el que puedes señalar a otros, piénsalo dos veces. Cada vez que criticas a alguien, te condenas a ti mismo. Eres uno de ellos. La crítica sentenciosa de otros es una forma muy reconocida de escapar de la detección de tus propios crímenes y fechorías. Pero a Dios no se le distrae fácilmente. Él ve a través de las cortinas de humo y te responsabiliza de lo que has hecho. ¿No pensaste, oh hombre, que al señalar con tu dedo a otros distraerías a Dios para no ver tu mala conducta y que te llamara a cuentas?

Sin excusas

Ahí está de nuevo. Nunca estamos posicionados para juzgar. Nunca. Durante demasiado tiempo hemos intentado distraer a Dios de nuestros propios errores, en vez de levantar a Jesús mediante nuestras vidas transformadas. Solo Dios es el Juez de uno y de todos. Quizá nuestros pecados son de una naturaleza distinta, pero eso no significa que Dios no nos pida cuentas de lo que hemos hecho. Quizá no estamos involucrados en pecado sexual… pero ¿qué tal con el resto de la lista? ¿Qué tal con las ofensas como calumnia, envidia, chisme, alardear y avaricia? ¿Acaso esto no está descontrolado en la Iglesia?

> Nunca estamos posicionados para juzgar. Nunca.

Todos necesitamos misericordia, así que extendamos misericordia.

Todos necesitamos amor, así que extendamos amor.

Todos necesitamos esperanza y personas que vean el potencial de quiénes podríamos ser. Amar a las personas y extenderles misericordia nos pone a todos en posición de poder ser transformados.

Pablo continúa explicando cómo se produce la transformación.

> *¿O menosprecias las riquezas de su benignidad, paciencia y longanimidad, ignorando que su benignidad te guía al arrepentimiento?* (2:4)

Y:

> *¿O pensabas que porque es un buen Dios te iría a soltar del anzuelo? Mejor pensar todo esto desde el principio. Dios es bueno, pero no es blando. En su bondad, él nos toma firmemente de la mano y nos dirige hacia un cambio radical de vida* (The Message).

> La bondad de Dios es siempre una invitación a que regresemos a la verdad, en vez de una aprobación del pecado.

La bondad de Dios es siempre una invitación a que regresemos a la verdad, en vez de una aprobación del pecado. C. S. Lewis escribe: "La dureza de Dios es más blanda que la blandura del hombre, y su compulsión es nuestra liberación".[2] Dios finalmente desea guiarnos firmemente a la libertad mediante el camino de la verdad. Jesús fue resucitado de la muerte para que pudiésemos alejarnos de nuestra ignorancia y vivir de una forma que honre su sacrificio (ver Hechos 17:30-31).

Hablemos de esta idea de ser tomados firmemente de la mano y llevados a una vida de cambio radical. No sé qué significa esto para ti, así que comenzaré hablándote del día en que Dios me tomó firmemente de la mano.

Nacer de nuevo

Yo nací de nuevo a los veintiún años cuando estaba en casa asistiendo a la escuela de verano en Purdue. Hasta entonces, mi vida estaba en la espiral descendente oscura descrita en Romanos. Era mala, obstinada, promiscua y rebelde. Entonces una noche, durante un picnic que se convirtió en un estudio bíblico, las escamas se cayeron de mis ojos. Rodeada de personas que estaban levantando sus manos mientras cantaban desafinadamente, no sabía adónde mirar. Para escapar de sus sinceros rostros y manos elevadas, miraba a la hoja de las canciones. Leía las palabras de la siguiente canción: "Mantos de justicia". En una de las frases, leí que era posible para Dios mirarme, pero no verme a mí, sino a Jesús.

En ese momento, escuché al Espíritu Santo susurrar: "No puedo mirarte". Mientras leía las palabras, me di cuenta de que Jesús era la cobertura que yo necesitaba. Hasta ese momento, había justificado mis acciones y decisiones con una miríada de excusas y culpa.

Esa noche oré para nacer de nuevo, y rendí mi vida a la guía del Espíritu Santo de Dios. Cuando regresé a mi residencia estudiantil, tenía un sentimiento muy grande de que había cosas en mi cuarto que eran incongruentes con mi nueva vida. No perdí tiempo a la hora de tirar esos objetos a la basura que había en la entrada del edificio.

Nadie me había dicho que hiciera eso. Cuando el Espíritu de Dios me llenó, comencé a sentir cosas que nunca antes había sentido. Acciones, palabras y patrones de conducta que había aceptado como normales ahora me parecían incómodos y a veces lamentables. Aquello no era la persuasión de la vergüenza o incluso la culpa sobre mi vida. Era la presencia de una nueva influencia y un sentimiento de la conciencia de un Dios Santo.

John (mi futuro esposo) me había citado continuamente al apóstol Pablo. Recordé que la universidad había puesto una copia de *The Way* (El camino), una edición del Nuevo Testamento, en mi habitación. Pasé bastante tiempo buscando el libro de Pablo esa noche. Puse la Biblia de pie sobre su espina, y oré para que al caer se abriese por el libro de Pablo. Las páginas se abrieron revelando las palabras de 2 Corintios 5:17:

> *De modo que si alguno está en Cristo, nueva criatura es; las cosas viejas pasaron; he aquí todas son hechas nuevas.*

Cuando me di cuenta de que estas eran las palabras de Pablo, ¡pensé que había encontrado el único capítulo que él había escrito! Me dormí en paz por primera vez en una década.

Algo ocurrió

Me desperté temprano a la mañana siguiente consciente de que mi espíritu estaba vivo. Me bajé de mi litera de arriba para ir a contarle a mi madre lo que había ocurrido. De inmediato, escuché estas escalofriantes palabras: "No ocurrió nada anoche. No eres distinta". Me quedé helada de terror. Comencé a cuestionármelo. ¿A quién quería engañar... yo, cristiana? Entonces recordé la paz que había experimentado y cómo había dormido por primera vez en mucho tiempo sin consumir alcohol, que después de orar literalmente había sentido que los nudos en mi estómago se deshacían cuando el calor sanador del amor de Dios entraba en mi cuerpo.

Fue entonces cuando reconocí su voz.

Esa era la voz del destructor.

Era la misma voz que me había llevado a tener un trastorno alimentario. Era la voz que me había abrumado con temor e inseguridad. Era la voz que me había aislado y acusado. Era la voz que me había incitado a pecar.

¿Me había dicho alguna vez esta voz que yo no era cristiana? Nunca. Ni una sola vez había suscitado la pregunta de mi condición eterna. En ese momento, me di cuenta de que los mentirosos y ladrones no vienen a robar lo que no tenemos. Eso fue la primera mañana que fui salva, razón por la cual había susurros de duda.

Pero las palabras tuvieron el efecto contrario en mí. En vez de socavar lo que había ocurrido la noche antes, sirvieron solo para confirmar la verdad.

¡Algo había ocurrido! Casi me reí en voz alta. La presencia del enemigo sirvió para revelar la realidad de mi Dios.

Iba a tener que jugármela de modo que no hubiera regreso. No podía insinuar un cambio en mi vida. Me comprometí allí mismo y en ese momento a meterme de lleno en Dios. Me bauticé en agua en los siguientes quince días.

Un mes después, cuando regresé a mi casa de la sororidad en Arizona para el otoño, les dije a mis hermanas lo que había ocurrido en mi vida en el verano. No es necesario decir que no todas estuvieron contentas por ello, y que no todas estaban convencidas.

Llamadas a mi puerta

Un día, estaba leyendo mi Biblia en voz alta en mi cuarto cuando oí pisadas en el pasillo seguidas de unos toques en mi puerta. Abrí la puerta a una hermana de la sororidad que me dijo: "¡Deja de leer en voz alta!". Ella parecía tan sorprendida por sus palabras como yo lo estaba. Supe entonces que los demonios eran reales. Para respetar a mis hermanas de la sororidad, subí las escaleras de incendios y leí mi Biblia en voz alta en la azotea de nuestra casa.

Desde este sitio con vistas privilegiadas, declaraba las promesas de Dios sobre el campus, la casa y mi futuro. Muchas noches me sentí guiada a caminar por los pasillos y orar calladamente por mis hermanas, llamándoles a que salieran del dominio de las tinieblas y entraran al reino de la luz.

Enseguida volvieron a llamar a mi puerta. Chicas estudiantes de primer año querían saber lo que me había ocurrido. Habían escuchado cómo solía ser yo y habían visto cómo era ahora, y querían lo que yo tenía. Tomé un tratado que tenía de la Cruzada Estudiantil, y les hice repetir todo el tratado en voz alta palabra por palabra.

Recuerdo la primera vez que prediqué a mis hermanas de la sororidad. Fue en un momento inesperado. Por alguna razón, pensé que la economía internacional sería una buena opción para mis estudios. Los primeros años fueron fáciles, pero en mis dos últimos años, los profesores estaban comenzando a deshacerse de los débiles.

Algunas de las que estábamos en los mismos cursos habíamos planeado una noche entera de estudios para los exámenes parciales. Ahora estábamos en la mesa del desayuno zambullidas en los libros y preguntándonos unas a otras. Yo estaba muy despierta a consecuencia de los leves estimulantes y el café mientras veía cómo entró desenfadadamente una de mis hermanas de la sororidad que había escogido sabiamente los estudios que yo debía haber escogido como futura madre de cuatro hijos: educación elemental. Nos dio una mirada y nos dijo que teníamos un aspecto horrible. Hicimos una pausa para recibir su comentario y regresamos a nuestros estudios. Pero ella no entendió la indirecta. Fue a buscar su bandeja de desayuno y se vino con nosotras. Dijo algo parecido a esto: "Lisa, parece como si te hubiera atropellado un automóvil".

Lo único que recuerdo fue un temblor, y la Lisa no regenerada comenzó a salir a la superficie. Entonces de mi boca salió la pregunta en la que había estado pensando en los últimos años: "¿Por qué eres tan [pitido] por las mañanas?".

La sala del desayuno se quedó helada… la nacida de nuevo había hablado mal. Antes de ser cristiana, hablaba mal todo el tiempo, pero de nueva creyente me las había arreglado para hablar mal solo en mi mente. Ahora estaba ahí fuera, delante de todas, y la mayoría de mis hermanas de la sororidad no sabían qué hacer. Pero esta hermana sí. Se levantó, me señaló con su dedo, y anunció: "¡Lo sabía! Sabía que no había manera de que tú te hubieras hecho cristiana. ¡Eres muy mala!", y salió dando un portazo de la habitación ahora en silencio.

Comencé a levantarme, y mi dulce compañera de cuarto me tomó por el brazo y me aseguró: "Yo estaba a punto de decir lo mismo".

Sonreí y me puse de pie; todos los ojos estaban ahora fijos en mí. Mis siguientes palabras fueron: "Les debo a todas una disculpa. He estado totalmente fuera de tono".

Después, muchas de mis amigas dijeron que fue el momento en que de verdad supieron que me había hecho cristiana. Verás, no me oyeron orar en la ducha o leyendo mi Biblia en voz alta en la azotea. No me vieron caminar por los pasillos en la noche orando por ellas. Ese día, por primera vez, me vieron humillándome.

¿No es posible que esta sea la postura, una posición de humildad, que todos necesitamos adoptar si queremos modelar una transformación inamovible? Todos cometeremos errores, pero no se nos permite poner excusas. Como sabemos actuar mejor, actuamos mejor. Y cuando no lo conseguimos, nos responsabilizamos.

> Todos cometeremos errores, pero no se nos permite poner excusas.

Charles Spurgeon dijo:

> No puedes predicar sobre la convicción de pecado a menos que tú mismo lo hayas experimentado. No puedes predicar arrepentimiento a menos que lo hayas practicado. No puedes predicar sobre la fe a menos que la hayas ejercitado. La verdadera predicación es artesiana; brota de las grandes profundidades del alma. Si Cristo no ha cavado un pozo dentro de nosotros, no habrá nada que rebose de nosotros.[3]

Me encanta esto. La verdadera predicación es artesiana, es un pozo de agua viva. ¡La misericordia debería fluir libremente de cada uno de nosotros!

Amado Padre celestial,

Tómame firmemente de la mano y guíame a un cambio de vida radical. Quiero que cada parte de mi vida sea un mensaje que apunte a otros a ti. Quiero ser conocida por lo que tú defiendes en vez de por lo que yo estoy en contra. Ya no pondré excusas para mis errores. Convénceme de las áreas que contradicen tu obra en mi vida.

INAMOVIBLE EN SANTIDAD

> La santidad es la perfección de todos los demás atributos [de Dios]. Su poder es poder santo, su misericordia es misericordia santa, su sabiduría es sabiduría santa. Es su santidad más que cualquier otro de sus atributos lo que le hace ser digno de nuestra alabanza.
>
> Jerry Bridges

Recuerdo leer *En pos de la santidad* cuando tenía veinte años. Cada página hablaba a un anhelo frustrado en mi interior. Entendí que Dios era santo, pero la idea de poder ir en pos de la santidad se había perdido en mí. Al darme cuenta de eso, las palabras de mi diario cambiaron, mi enfoque en la adoración cambió, incluso escogí a mis amigas de otra forma. No fue porque pensara que yo era mejor que las demás. La verdad es que sabía que era más débil y mucho más susceptible a la influencia de todas las cosas impías.

Por esta razón, me esforcé mucho en guardar lo que se me había revelado para que el Santo pudiera ser revelado a través de mí. Mi inclinación siempre había sido hacia el lado salvaje, solo para descubrir que era una forma de vida que te mataba lentamente. Como reacción, me amansé represivamente durante quizá demasiado tiempo y me vi enredada en reglas y la importación de las apariencias. Cuando di a luz a mi primer hijo, tenía un profundo deseo de que él fuera santo y libre al instante; esto significaba que su madre tendría que experimentar lo mismo en ella.

———————◇——————— Ir en pos de la santidad es nuestra liberación.

¡No temas! Aceptar el concepto de santidad no añade otra lista de reglas para frenarnos. Lejos de ello... ir en pos de la santidad es nuestra liberación. Es la seguridad de que hay más en la vida cristiana que una confesión de justicia. La santidad es una invitación a la integridad inamovible de Dios. El teólogo escocés Sinclair Ferguson escribe:

> La santidad de Dios significa que está separado del pecado. Pero la santidad en Dios también significa integridad. La santidad de Dios es su "divinidad". Es ser Dios en todo lo que significa para Él ser Dios. Encontrarnos con Dios en su santidad, por lo tanto, es ser a la vez abrumados por el descubrimiento de que Él es Dios, y no hombre.[1]

Dios está separado del pecado, pero a través de Cristo está tan cercano como nuestra respiración. Cuando hacemos una pausa en su santa presencia, hay una revelación de cuán diferente es de nosotros, y a la vez de la profunda consciencia de lo mucho que nos ama. De muchas maneras, escoger caminar en santidad es nuestra respuesta a su don de justicia. Él nos ha vestido de esplendor, ¿por qué ponérnoslo si vamos a revolcarnos de nuevo en el barro? Somos amados por el Rey que entregó a su Hijo para levantar nuestras cabezas sacándolas de la oscuridad, a fin de poder contemplar su luz. ¿Por qué iba a querer alguno de nosotros volver a visitar los lugares de sombras?

Dios es santo y Dios actúa de forma santa.

Al igual que su amor, la santidad de Dios es inamovible: invencible, irrefutable, indivisible, impenetrable, constante, inconmovible e insistente.

Su santidad es inflexible y atractiva, porque la santidad de Dios es tan hermosa en terror como lo es en ternura.

Dios es luz santa. Dios es amor santo. Dios es fuego consumidor santo.

La santidad no se puede separar de la naturaleza trascendente de Dios.

Dios es nuestro Padre santo que reina en santidad y en asombro maravilloso y santo. Desde el Antiguo Testamento hasta el Nuevo, se proclama la santidad de Dios:

> *¿Quién como tú, oh Jehová, entre los dioses? ¿Quién como tú, magnífico en santidad, terrible en maravillosas hazañas, hacedor de prodigios?* (Éxodo 15:11)

Y:

> *¿Quién no te temerá, oh Señor, y glorificará tu nombre? pues sólo tú eres santo; por lo cual todas las naciones vendrán y te adorarán, porque tus juicios se han manifestado* (Apocalipsis 15:4).

¿Qué es santidad?

Para avanzar con este atributo inamovible de Dios, primero tenemos que entenderlo. La palabra *santo* está definida en parte como "perfecto en bondad" y "justicia". Más comúnmente, santidad se refiere a la otredad trascendente, conducta que está fuera y es muy superior a las conductas normales del hombre. Como Dios es santo en todo lo que Él es, es santo en todo lo que hace. La conducta del Santo es santidad. Otras palabras para santo son santificado, consagrado, purificado, dedicado, divino y sagrado.

> Como Dios es santo en todo lo que Él es, es santo en todo lo que hace.

En palabras de N. T. Wright: "La gente a menudo ha considerado la santidad como una cualidad negativa, la ausencia de falta moral, pero es en verdad algo positivo, el radiante reflejo que aparece en el carácter humano cuando aprendemos de forma práctica lo que significa ser creados a imagen de Dios".[2]

Me encanta esto. La santidad se aprende al poner en práctica lo que significa vivir como hijo del Dios Altísimo.

Dios es santo en gracia, santo en poder, santo en fe, santo en amor, santo en verdad, santo en conocimiento y santo en juicio. Nuestro Dios siempre fue santo, ahora es santo y siempre será santo. Y a la vez nos invita a nosotros que no hemos sido santos, que posiblemente ni siquiera ahora estamos actuando de forma santa, a ser santos. Esta no es una invitación a intentar y fallar en la bondad humana. Como somos suyos, se nos ha concedido el privilegio divino de ser partícipes de su naturaleza santa.

Esta es la promesa dada en 2 Pedro 1:3-4:

> *Como todas las cosas que pertenecen a la vida y a la piedad nos han sido dadas por su divino poder, mediante el conocimiento de aquel que nos llamó por su gloria y excelencia, por medio de las cuales nos ha dado preciosas y grandísimas promesas, para que por ellas lleguéis a ser participantes de la naturaleza divina, habiendo huido de la corrupción que hay en el mundo a causa de la concupiscencia.*

Su divino poder nos ha dado por gracia *todo* lo que necesitamos para caminar en bondad y santidad. No faltó nada. Tenemos la promesa de que hemos sido equipados con *todo* lo necesario para practicar la santidad. Cristo ganó para nosotros la promesa, tan cierto como que Él estableció el patrón. Charles Spurgeon escribió: "En santidad, a Dios se le ve más claramente que en cualquier otra cosa, salvo en la Persona de Cristo Jesús el Señor, de cuya vida tal santidad no es sino una repetición".[3]

Jesús expresó la santidad del Padre. Cuando se trata de santidad, Jesús es tanto nuestro patrón como nuestro sumo sacerdote. Como Él y Dios son uno, Jesús hizo y dijo solo lo que oyó y vio hacer y decir a su Padre santo. Este es el patrón para nuestra vida de adoración.

Por eso Pablo nos pregunta:

¿Y qué acuerdo hay entre el templo de Dios y los ídolos? Porque vosotros sois el templo del Dios viviente, como Dios dijo: Habitaré y andaré entre ellos, y seré su Dios, y ellos serán mi pueblo. Por lo cual, salid de en medio de ellos, y apartaos, dice el Señor, y no toquéis lo inmundo; y yo os recibiré, y seré para vosotros por Padre, y vosotros me seréis hijos e hijas, dice el Señor Todopoderoso (2 Corintios 6:16-18).

Para responder a la primera pregunta de Pablo: ninguno. No hay acuerdo. Usando el arameo, la traducción Passion pone un punto más fino en esto y pregunta: "¿Qué amistad tiene el templo de Dios con los demonios?". La respuesta debería ser bastante fácil… ¡ninguna! Pablo nos advierte aún más:

Así que, amados, puesto que tenemos tales promesas, limpiémonos de toda contaminación de carne y de espíritu, perfeccionando la santidad en el temor de Dios (2 Corintios 7:1).

Recientemente leí un buen artículo que desafiaba el actual pensamiento de la iglesia metodista a la luz de la mentalidad de su fundador. Este es un extracto:

Los cristianos de la tradición metodista debieran negarse particularmente a escoger entre perdón (justificación) y santidad (santificación), como Wesley mismo fue inflexible en que ambas eran partes de la vida cristiana. En su reciente libro, *Discovering Christian Holiness: The Heart of Wesleyan-Holiness Theology* (Descubriendo la santidad cristiana: El corazón de la teología de santidad de Wesley), Diana Leclerc sugiere que en la última generación, metodistas no han sido muy buenos administradores del mensaje de la santidad. Ella señala a una crisis, la cual no es una crisis respecto a cómo comunicar la santidad, sino una crisis de silencio más devastadora aún, "la falta de expresión de la santidad". Como resultado, Leclerc encuentra que "el péndulo parece haber oscilado del legalismo al pesimismo respecto a la victoria sobre el pecado. Muchos de mis estudiantes creen que el pecado es inevitable, penetrante y duradero en la vida de un cristiano. Tristemente, parecen no ser conscientes de que hay una forma distinta de vivir".[4]

Cuando leí esto, la esperanza cobró vida. La santidad conlleva tanto justificación como santificación, y la unión de estas dos cosas produce rectitud.

Vivir santamente

Santidad en lo que hacemos

Seguid la paz con todos, y la santidad, sin la cual nadie verá al Señor. Mirad bien, no sea que alguno deje de alcanzar la gracia de Dios; que brotando alguna raíz de amargura, os estorbe, y por ella muchos sean contaminados; no sea que haya algún fornicario, o profano, como Esaú, que por una sola comida vendió su primogenitura (Hebreos 12:14-16).

La disputa no produce santidad. La santa presencia de Dios no habitará entre los inconexos y los que causan división. En su santidad, Él no puede bendecir al ofendido y rencoroso, aunque lo anhela. La inmoralidad sexual en todas sus formas nos aislará. Y que la lección que Esaú aprendió a un alto costo nos enseñe a cada uno a valorar el legado mucho más que la inmediatez del apetito.

Como Dios es santo en todo lo que es, nos invita a ser santos en todo lo que hacemos.

Santidad en lo que pensamos

Esto, pues, digo y requiero en el Señor: que ya no andéis como los otros gentiles, que andan en la vanidad de su mente, teniendo el entendimiento entenebrecido, ajenos de la vida de Dios por la ignorancia que en ellos hay, por la dureza de su corazón; los cuales, después que perdieron toda sensibilidad, se entregaron a la lascivia para cometer con avidez toda clase de impureza (Efesios 4:17-19).

Como aprendimos, la futilidad es lo contrario a la utilidad. Nuestra mente razona según lo que ha conocido y experimentado; eso puede, de hecho, obrar en contra del propósito de la transformación. No podemos regresar a los patrones que desarrollamos cuando éramos extraños a la vida de Dios. Estábamos muriendo entonces mientras le dábamos gusto a la idolatría y al desenfreno con la esperanza de que eso nos hiciera sentir vivos. Los que son insensibles deben zambullirse muy hondo en la oscuridad del mundo sensual. Efesios continúa señalándonos a Jesús:

> *Mas vosotros no habéis aprendido así a Cristo, si en verdad le habéis oído, y habéis sido por él enseñados, conforme a la verdad que está en Jesús. En cuanto a la pasada manera de vivir, despojaos del viejo hombre, que está viciado conforme a los deseos engañosos, y renovaos en el espíritu de vuestra mente, y vestíos del nuevo hombre, creado según Dios en la justicia y santidad de la verdad* (4:20-24).

Ahí está de nuevo. Se nos advierte que dejemos a un lado nuestra vieja naturaleza, su manera de vivir y todos los anhelos que la acompañan, para que dejemos espacio para un nuevo yo verdadero. El nuevo yo es el que el Espíritu Santo anhela revelarnos en verdadera justicia (estatus justo) y verdadera santidad (cómo vivir a la luz de esta justicia). N. T. Wright afirma esto en su comentario sobre las cartas de prisión de Pablo:

> *"Renovaos en el espíritu de vuestra mente"* (v. 23): ese es el secreto. Si el corazón es recto, es la hora de que la mente sea recta. Entonces tendrá la energía de la voluntad para encaminar la conducta. ¡Quitarse lo viejo y ponerse lo nuevo![5]

Y ¿cómo renovamos el espíritu de nuestra mente? Esta es una pregunta que me hacen constantemente, pero mi respuesta no es siempre lo que las personas quieren oír. Nuestra mente se renueva mediante la obediencia a la verdad de la Palabra de Dios. Ahondemos en 1 Pedro para poner en contexto este mandato.

Santidad es obediencia

Por tanto, ceñid los lomos de vuestro entendimiento, sed sobrios, y esperad por completo en la gracia que se os traerá cuando Jesucristo sea manifestado; como hijos obedientes, no os conforméis a los deseos que antes teníais estando en vuestra ignorancia; sino, como aquel que os llamó es santo, sed también vosotros santos en toda vuestra manera de vivir; porque escrito está: Sed santos, porque yo soy santo (1 Pedro 1:13-16).

Mientras estudiaba este mandato de preparar nuestra mente para la acción, me impactó la frase *"ceñir los lomos de vuestro entendimiento"*. Es un llamado a renovar y armar nuestra mente con la Palabra de Dios para que nuestra esperanza esté firmemente anclada en el empoderamiento de la gracia. Esta gracia produce tanto una revelación como una disposición a seguir a Jesucristo.

La obediencia demandará que escojamos qué y a quién obedeceremos. ¿Obedeceremos a nuestras pasiones o a la Palabra de Dios que enmarcó nuestras vidas? Nuestro espíritu está dispuesto, pero nuestra carne es débil y tiene el hábito de pecar. Por lo tanto, debemos escoger intencionalmente hacer el cambio hacia la obediencia en todos los niveles. A medida que leemos la Palabra, oramos para que el Espíritu Santo revele cualquier área de conformidad y transigencia que podamos estar tolerando, ya sea por hábito o por ignorancia.

Una vez que sabemos, actuamos.

---◇---

> **Dios es santo... nosotros actuamos en santidad.**

Comparto esto para animarte; yo raras veces *siento* obedecer. Obedezco porque decido honrar a Dios. La advertencia aquí es que así como Aquel que nos llamó es santo, nosotros también deberíamos ser santos en toda nuestra conducta. Dios es santo en todo lo que Él es. Nosotros tenemos que ser santos en todo lo que hacemos. Esto significa que la forma en que vivimos delante de otros debería reflejar nuestra sumisión a nuestro Dios invisible.

Dios es santo... nosotros actuamos en santidad.

> *Habiendo purificado vuestras almas por la obediencia a la verdad, mediante el Espíritu, para el amor fraternal no fingido, amaos unos a otros entrañablemente, de corazón puro; siendo renacidos, no de simiente corruptible, sino de incorruptible, por la palabra de Dios que vive y permanece para siempre* (1 Pedro 1:22-23).

La obediencia a la verdad purifica nuestra alma. Esta purificación sucede mediante el hacer, no meramente oyendo. Somos salvos mediante el sacrificio del Cordero inmaculado, nuestras mentes son renovadas por la Palabra, y nuestra alma es purificada mediante la obediencia a la verdad. Es progresivo.

A medida que obedecemos la verdad, nuestros corazones son refinados para que podamos amarnos los unos a los otros profundamente. El amor no puede profundizar más que el espacio que el corazón haga para él. Habitar en la Palabra de Dios aumenta nuestra profundidad y capacidad de amar verdaderamente. Un corazón que resiste la verdad solo puede amar superficialmente. Cristo es esa semilla imperecedera y nuestra Piedra Angular inamovible de toda verdad. Fuera de la verdad, el amor es imposible.

> Habitar en la Palabra de Dios aumenta nuestra profundidad y capacidad de amar verdaderamente.

La semilla incorruptible de la Palabra de Dios permanece para siempre. Una búsqueda de santidad ni siquiera es posible fuera de la Palabra de Dios. Esta búsqueda no está sujeta a nuestra interpretación. Cuando la Palabra se abre paso en nosotros, amamos y damos fruto que permanece porque es santo y verdadero. Habrá veces en que la obediencia a la verdad nos parezca como una muerte en esta esfera. Pero recuerden, amigos, nuestros días en la tierra son como neblina. Despertaremos para descubrir nuestras verdaderas vidas en la siguiente.

Santidad es nuestra conexión con una perspectiva eterna.

Santidad es nuestra esencia en el otro mundo.

Estos versículos nos llevan de regreso a la Piedra Angular y lo que significa ser parte de la Piedra viva y un pueblo santo.

La santidad edifica una vida que honra a Dios

> Desechando, pues, toda malicia, todo engaño, hipocresía, envidias, y todas las detracciones, desead, como niños recién nacidos, la leche espiritual no adulterada, para que por ella crezcáis para salvación, si es que habéis gustado la benignidad del Señor (1 Pedro 2:1-3).

La salvación es un regalo gratuito (en lugar de ganado) en el que crecemos cada día. Es como si cada uno de nosotros recibiera una casa vacía. Estamos en la casa (salvos), pero necesita muebles para poder vivir cómodamente en ella e invitar a otros a venir. Al saborear la benignidad de Dios, crecemos en bondad. Y entonces Pedro dice:

> Bienvenidos a la Piedra viva, la fuente de vida. Los trabajadores la vieron y la desecharon; Dios la puso en el lugar de honor (1 Pedro 2:4 The Message, traducción libre).

Santidad significa que nosotros controlamos nuestro cuerpo

> Pues la voluntad de Dios es vuestra santificación; que os apartéis de fornicación; que cada uno de vosotros sepa tener su propia esposa en santidad y honor; no en pasión de concupiscencia, como los gentiles que no conocen a Dios; que ninguno agravie ni engañe en nada a su hermano; porque el Señor es vengador de todo esto, como ya os hemos dicho y testificado. Pues no nos ha llamado Dios a inmundicia, sino a santificación. Así que, el que desecha esto, no desecha a hombre, sino a Dios, que también nos dio su Espíritu Santo (1 Tesalonicenses 4:3-8).

Es la voluntad de Dios no solo que seamos salvos, sino también santificados. Cuando conocemos a Dios, permitimos que su Palabra gobierne nuestras vidas y dejamos de vivir en base a nuestra antigua propensión o por lo que dicta nuestra cultura. Los tesalonicenses vivían en una cultura muy promiscua; amantes, sexo ritual, catamitos y prostitutas eran su norma cultural. Para mantenerse fuertes en esta revuelta de pecado, los creyentes tenían que ser ejemplos de bondad unos con otros. Pablo no excusó a los tesalonicenses por su cultura; él creía que la gracia de Dios era poderosa como para que ellos pudieran caminar en santidad.

Estamos siendo observados. Nuestra forma de vivir demuestra lo que creemos. Si vivimos de una forma que hace que otros tropiecen y pequen, Dios se levantará en su favor.

Segunda de Timoteo dice:

> Pero en una casa grande, no solamente hay utensilios de oro y de plata, sino también de madera y de barro; y unos son para usos honrosos, y otros para usos viles. Así que, si alguno se limpia de estas cosas, será instrumento para honra, santificado, útil al Señor, y dispuesto para toda buena obra. Huye también de las pasiones juveniles, y sigue la justicia, la fe, el amor y la paz, con los que de corazón limpio invocan al Señor (2:20-22).

Nosotros estamos en la casa. Por lo tanto, ¿por qué no ser tan útiles y valiosos para el Señor de la casa como podamos?

Muchas áreas de mi vida demandaron un largo proceso de preparación. Por ejemplo, pasó mucho tiempo hasta que pude hablar sobre el matrimonio. En esta y otras áreas, aún no estaba preparada; aún no era útil para los propósitos de mi Señor. En estas áreas, yo estaba en obras en vez de estar dispuesta para toda buena obra. El único trofeo que conseguí jamás fue cuando tenía diez años. Fue un trofeo a la mayor mejora. Eso resume bastante bien la historia de mi vida. Por lo general, olvidamos que mejorar es ganar.

Me encantaría ver una generación de jóvenes que se prepara más rápido. Esto significa que deben *huir* de sus pasiones juveniles. Huir significa correr como si tuvieras miedo. Deja en el suelo la lujuria, el orgullo, la comparación y la competencia. Huir no es suficiente. Debemos correr hacia algo. Es tiempo de correr hacia una justicia, fe, amor y paz inamovibles. Quiero que los hombres y las mujeres jóvenes sean contados entre los que claman al Señor con un corazón puro. Quiero que el nombre del Señor sea la torre fuerte de cada generación, y su nombre es santo.

> Huir no es suficiente.
> Debemos correr
> hacia algo.

Santidad significa que nos acercamos a Dios según sus términos, y no los nuestros. Nuestra cultura ha adoptado la práctica de tomar la gracia de Dios y usarla como licencia para pecar. Había tanto un código moral como las mejores prácticas bajo la ley judía. El pacto de gracia nunca fue para socavar el código moral. La santidad y el amor elevan el código moral a un estándar más alto. En el Nuevo Testamento, el adulterio comenzó meramente al codiciar a una mujer en el corazón; en el Antiguo Testamento, el pecado no existía hasta que no se expresaba mediante el adulterio. De nuevo acudo a la sabiduría de N. T. Wright para mirar a nuestro tiempo:

> Nuestro mundo moderno ha convertido el deseo sexual, preferencia y práctica en una batalla campal moral, donde la única regla es que la gente debe poder expresar cualquier deseo que pueda surgir, que le hagan surgir, dentro de ellos. Para Pablo, así como para todos los judíos y los maestros cristianos primitivos de conducta moral, eso es como decir que usted debe permitir que el caballo o el burro, salvaje y sin domar, corra y salte en todas las direcciones, poniendo en peligro al jinete y a los que están a su alrededor, y no haciendo ningún trabajo útil. La sexualidad es un buen regalo del sabio creador, pero como todos los buenos regalos, se da con un propósito; solo en un mundo donde el único propósito fuera la autogratificación podría alguien suponer que no iba a ser necesario un trabajo duro para domar y entrenar poderosos deseos como el sexual.[6]

La autogratificación nunca debería ser la meta de los que siguen a Cristo. No podemos permitir que nuestros apetitos y deseos sexuales sean nuestros amos. Jesús fue totalmente humano y fue tentado como nosotros lo somos. Esto significa que tuvo la capacidad de experimentar los mismos anhelos con los que lidiamos cada uno y, sin embargo, no cometió pecado. Sea cual sea la tentación que pudiera haber en tu vida, Jesús la venció para que ese pecado no te domine. No estoy diciendo que vencer la tentación será cosa fácil. Será difícil, pero vale la pena luchar por esa libertad.

Santidad significa decir la verdad

Solo recuerden, cuando el mundo inconverso les odie, primero me odiaron a mí. Si le dieran su lealtad al mundo, ellos les amarían y recibirían como si fueran de los suyos. Pero como no se alinearán con los valores de este mundo, ellos les odiarán. Yo les he escogido y sacado del mundo para que sean míos (Juan 15:18-19 TPT, traducción libre).

Tenemos que levantarnos en medio del caos y declarar la verdad. Nos odiarán si decidimos alinearnos con los valores de lo eterno. Ser santo para el Señor no significa que las personas siempre estarán contentas con lo que decimos. Jesús repite su mandato a recordar en los versículos siguientes:

Así que recuerden lo que les enseñé, que un siervo no es superior a su señor. Y como ellos me han perseguido a mí, también les perseguirán a ustedes. Y si ellos obedecen mis enseñanzas, también obedecerán las suyas. Les tratarán así porque ustedes son míos, y ellos no conocen al que me envió (vv. 20-21 TPT, traducción libre).

Se nos promete persecución, no popularidad. Es popular hacer lo que diga el mundo. Es popular decir que la verdad es subjetiva y que la Biblia está obsoleta. Es popular decir que Jesús entiende tu dolor y no es popular sugerir que Él también te puede capacitar para que camines con cojera en vez de apoyarte en tu propio entendimiento. No es popular decir que la Palabra de Dios es nuestra máxima autoridad en la vida. No es popular decir que Él es el Dios que no cambia, aunque cambie nuestra respuesta al pecado.

> *Si yo no hubiera venido ni me hubiera revelado al mundo inconverso, no sentirían la culpa de su pecado, pero ahora su pecado se ha quedado al descubierto* (Juan 15:22 TPT, traducción libre).

No eliminamos la culpa normalizando y excusando el pecado; debemos ir a la raíz del asunto y eliminar la fuente de la culpa y la vergüenza: corazones divididos.

Como seguidores de Cristo, nunca podríamos aprobar cortar las manos a los ladrones, matar a los adúlteros o la pena capital para los que cometan incesto o violación. Nuestra meta no es hacer cumplir la ley; es señalar el camino a Jesús. En Cristo, todos los pecados han sido perdonados y nos apartamos de cualquier posición de juicio. Sin embargo, amar a alguien no significa *aprobar* sus transgresiones (egoísmo, idolatría, adivinación o inmoralidad). Significa que reconocemos su valor humano y declaramos luz para su futuro.

Ninguno de nosotros está exento de pecado, pero esa revelación no significa que lo incorrecto pase a ser correcto. Volvamos a ver la interacción en la que Jesús le preguntó a la mujer sorprendida en adulterio si no había quedado ninguno de los que le acusaban:

> *Ella dijo: Ninguno, Señor. Entonces Jesús le dijo: Ni yo te condeno; vete, y no peques más* (Juan 8:11).

Jesús no se detuvo en la misericordia del perdón (*"Ni yo te condeno"*); añadió arrepentimiento y gracia (*"Vete, y no peques más"*). Él no aprobó su estilo de vida de adulterio. Él no dijo: "No te preocupes, hija. Todos tus pecados futuros están perdonados" (Aunque lo estaban). Él no dijo: "Entiendo que tengas necesidades". Él dijo: "Deja tu vida de oscuridad y camina en mi luz".

> *Otra vez Jesús les habló, diciendo: Yo soy la luz del mundo; el que me sigue, no andará en tinieblas, sino que tendrá la luz de la vida* (Juan 8:12).

En vez de dejar la oscuridad por la luz, a menudo cambiamos nuestro punto de vista y llamamos luz a la oscuridad. Caminemos en la empatía que empodera a otros para vivir vidas de libertad. Invitemos a otros a dejar atrás la oscuridad de su pasado y a seguir a Jesús hacia su luz. Pero esta es una de esas conversaciones que se hacen mejor en privado, no apresuradas en las redes sociales, razón por la que lo estoy tratando cara a cara contigo.

> *Otra vez Jesús les habló, diciendo: Yo soy la luz del mundo; el que me sigue, no andará en tinieblas, sino que tendrá la luz de la vida* (Mateo 7:6).

Yo no habría tenido un marco de referencia para la idea de la santidad si no hubiera estudiado las Escrituras. La Palabra de Dios fuera del contexto de un Padre amoroso suena difícil. No quiero decirte lo que debes pensar. Ya tienes demasiadas personas que hacen eso contigo. Quiero que pienses y oigas por ti mismo. Por eso te estoy pidiendo que estudies estos pasajes y repitas fervientemente estas palabras de la oración de Jesús por nosotros:

> En vez de dejar la oscuridad por la luz, a menudo cambiamos nuestro punto de vista y llamamos luz a la oscuridad.

> *Yo les he dado tu palabra; y el mundo los aborreció, porque no son del mundo, como tampoco yo soy del mundo. No ruego que los quites del mundo, sino que los guardes del mal. No son del mundo, como tampoco yo soy del mundo. Santifícalos en tu verdad; tu palabra es verdad. Como tú me enviaste al mundo, así yo los he enviado al mundo. Y por ellos yo me santifico a mí mismo, para que también ellos sean santificados en la verdad* (Juan 17:14-19).

Amado Padre celestial,

Santifícame con tu Palabra y hazme santo en verdad. Capacítame para dejar atrás cualquier tipo de sombra. Quiero vivir y amar a la luz de tu guía. Ser santo en todo lo que hago para que otros sepan que te pertenezco.

SOY INAMOVIBLE

Un marco de adamante, un alma de fuego. Ningún peligro le asusta, y ningún trabajo le cansa.

Samuel Johnson

Para contar cómo comenzó mi viaje hacia inamovible, regresaré atrás en el tiempo a más de una década.

Comenzó con una simple llamada de teléfono con la editora independiente que la editorial había contratado para trabajar conmigo en uno de mis libros. Las dos habíamos estado hablando sobre el contenido y el tono del libro sin ponernos mucho de acuerdo. Tristemente, ya no reconocía mi voz en los capítulos que ella había editado. Debido a una falta de confianza, yo había permitido que ella me empujara hasta la pared. Me di cuenta de que yo ya no podía recuperar nada de terreno y ser obediente a lo que me habían dicho que escribiera.

Sabía que este libro era un mensaje y un mandato que Dios me había confiado, y finalmente sería yo quien respondiera de cómo lo había administrado. Porque los libros son más que colecciones de palabras y páginas. Llevan en su interior la cadencia o el tono y postura del autor. Creo que la forma en que lees u oyes un libro es tan importante como lo que lees. Si algo bueno se dice de la forma errónea, la idea se puede perder en el lector.

Por alguna razón, esta editora había cambiado mi tono a un tono de ira, y mi postura a la de alguien autoritaria. Esa no era la posición que yo quería adoptar. Cuando se trata de la mayoría de los temas, yo soy una estudiante más de las Escrituras que quiere crear comunidades de conversación. Prefiero hablar como hermana, madre y ahora en esta época de mi vida como abuela, aunque mi más querida esperanza sea que tú me concedas el mayor honor, y en la duración de las páginas me llames amiga.

Mi editora no estaba de acuerdo con este enfoque. Era una mujer fuerte y talentosa con opiniones muy definidas. Yo le había dicho indirectas muchas veces, pero no me escuchaba. En esta llamada, todas las pistas se acabaron. John escuchó sin querer la conversación mientras yo ponía un punto muy fino en mi posición, y repasaba sus ediciones palabra por palabra y frase por frase.

Colgué y di un fuerte suspiro. Estaba extremadamente agotada tras el intercambio. Estaba trabajando en el libro en el salón frente a la oficina de John.

"¿Una llamada difícil?", sugirió John.

"Sí", admití.

"¿Va a funcionar?", preguntó él.

"No lo sé", respondí con sinceridad.

John sabía que había cedido bastante en mis anteriores discusiones con ella.

"Bueno, esta vez parecías… adamante". John me ofreció su palabra como un voto de confianza.

Yo asentí.

Entonces de repente fue como si su palabra encendiera algo dormido muy dentro de mí.

Me puse en pie y afirmé sus palabras. "¡Soy adamante!".

Y después para acercar más esta declaración, caminé hacia la oficina de John y la repetí. "¡Soy adamante!".

John asintió en acuerdo. "De acuerdo, entonces vuelve a trabajar".

La vida regresó a mí.

Volví a mi computadora y revisé los capítulos que ya había entregado desde el principio y los retoqué, y recuperé mi voz en el libro. Sentí que el fuego de la visión de Dios para el libro se había avivado. Mientras trabajaba, era como si las palabras fluyeran de mis dedos.

Después esa misma tarde, mi asistente vino con un paquete.

"Recibiste un regalo inusual", dijo ella mientras lo ponía en la mesa. Ella se quedó de pie al lado y observó mi reacción al abrirlo.

Era una caja negra rectangular decorada con detalles dorados en las esquinas. Mientras lo abría, un decorado globo terráqueo transparente se podía ver desde el interior de la tapa. El interior de la caja estaba forrado de terciopelo dorado, y dentro de sus confines había un trozo de papel. Perdón, papel no hace honor a lo que era. Era una hoja de papiro con un acabado opalescente. La tipografía usada en él era de las que se usan para una invitación de boda o un certificado de mérito. Tenía fecha del 12 de diciembre de 2005, y la palabra *diamante* aparecía en la cabecera que había sobre el saludo "Mi adamante, mi querida Lisa, mi adamante".

Yo me puse a temblar. El hecho de que yo había afirmado la misma designación sobre mí unas pocas horas antes no se me había olvidado. Cautivada, me senté con la profunda conciencia de que lo que tenía no era una carta normal. Contuve mi respiración, la solté y seguí leyendo.

En mis manos tenía un poema que declaraba la fuerza del amor de Dios sobre mi vida. Cada frase estaba entrelazada con las palabras "Yo soy". En esta hoja, la palabra *adamante* aparecía cinco veces. Las palabras eran lo suficientemente íntimas como para sentir que mi Padre me estaba viendo. No había nombre al final de la página. Le di la vuelta. Nada.

"¿De quién es?", pregunté.

"No lo sabemos", respondió mi asistente. "Vino en un paquete envuelto sin remitente".

---◇---

> Dios les ha creado para ser respuestas en un mundo inundado de problemas.

Yo me sentía pequeña al pensar que alguien había escuchado a Dios y se había tomado el tiempo de escribir esas palabras para mí, alguien que no sabía que yo había estado cuestionándome a mí misma y luchando para escribir un libro. Que Dios le bendiga. Tomé el regalo como una señal y una confirmación de que tenía que seguir el curso que llevaba el manuscrito, que tenía que escribir sin temor y decirles a mis hermanas que Dios les ha creado para ser respuestas en un mundo inundado de problemas.

Nunca supe quién envió el paquete. Aún así, conservo la caja y su carta encima de la cómoda sobre mi escritorio. Fue un momento que provocó un punto de inflexión. Las palabras marcaron el momento en el que decidí ser adamante, invencible e inamovible respecto a lo que Dios me habló y cómo me lo dijo. En el futuro, me mantendría en mi autoridad y sin transigir.

Durante el siguiente año, puse cartas en la caja (¿Te acuerdas?). Eran principalmente testimonios de chicas jóvenes y mujeres que habían sido tocadas por el libro. La caja no era grande, y se llenó rápidamente. Después se quedó sin abrir, reuniendo polvo durante la siguiente década.

Diamantes

Recientemente, comencé a ver diamantes por todas partes. Parecía ser el hilo conductor en muchas de las conferencias en las que hablaba durante el transcurso de un año. Con toda honestidad, se me había olvidado la relación entre los adamantes y los diamantes. Dado el estado de nuestro mundo, yo era de la opinión de que centrar eventos alrededor de la idea de los diamantes era ostentoso y un tanto superficial.

Pero ahí estaba yo en otra conferencia de "diamantes". Ligeramente molesta, estaba en la habitación del hotel entre sesiones y quejándome en mi interior por los temas, cuando en mi espíritu oí: "Tú misma te gozaste una vez cuando te llamé mi diamante, mi adamante".

Impactada, recordé el poema. Me senté y abrí la Biblia en mi iPad. Comencé a buscar versículos sobre diamantes o piedras. Cuando encontré el siguiente versículo en 1 Pedro 2, supe que estaba siendo guiada en una búsqueda del tesoro: "*Bienvenidos a la Piedra viva, la fuente de vida*" (v. 4 The Message, traducción libre).

En cuestión de una semana, había encontrado versículos en textos antiguos que hablaban sobre la palabra *adamante*. Un manuscrito de particular interés se había escrito en el siglo XVII. Hacía referencia a Ezequiel 3 y decía que Dios había hecho el rostro del Hijo del hombre como un adamante así como había prometido hacerlo para Ezequiel.

Sonreí por la referencia a nuestro Cristo, que puso su rostro como pedernal (adamante) para morir, a fin de que nosotros pudiéramos vivir.

El autor pasó a describir el adamante en muchos términos con los que ya estamos familiarizados. El adamante es la más dura de todas las piedras: el fuego no puede quemarla, el calor no puede penetrar su núcleo, un martillo no puede romper su enlace, la fuerza de muchas aguas no puede disolverla. El adamante no se encoge, no teme, y no cambia su tono. El adamante es constante. Terminó sus pensamientos sobre el asunto con esta conclusión: "Una buena conciencia hará que un cristiano sea como un adamante, le hará invencible e inmutable".[1]

Mientras nos preparamos para seguir cada uno nuestro camino, siento que está bien compartir contigo una parte del poema que recibí, porque no tengo duda de que contiene promesas que tenían la intención de ser compartidas. Cada línea es íntima y un llamado único para cada uno de nosotros.

> Mi adamante,
> Sonrío cuando YO SOY parte de tus pensamientos.
> Tú escuchas y conoces bien Mi voz.
> Sonríes por Mi grandeza.
> Como Yo digo, tú eres fuerte.
> Sin duda alguna, Mi adamante.
> ¿Puedo mover tu corazón?
> Estoy muy enamorado de ti.
> Hablo con mucha bondad.
> Como YO SOY, así tú eres. Estoy conmovido.
> Mi corazón está marcado por ti.
> Hónrame con tu hermosa sonrisa y fuerte corazón.
> Mi adamante.

Sonríe, amado. Estás impreso en su corazón, y sus palabras están dichas con bondad. Hónrale, valiente, con la fuerza de tu corazón y la longitud de tus días. Cuéntales a otros acerca de su amor inamovible. Honra su mano en tu vida con la autoridad real de su Palabra y la unción de su Espíritu Santo.

Para seguir con la vena poética, permíteme parafrasear y personalizar las líneas de Samuel Johnson que cité al comienzo del capítulo.

Querido hermano en Cristo:

> Usted tiene un marco de adamante,
> Y un alma de fuego,
> Ningún peligro debería asustarle,
> Porque la adversidad le eleva más alto.

Nuestro marco de adamante es transparente, radiante, magnético, trazado en la luz, y a la vez tan duro como el diamante. Hemos sido envueltos en la indestructible obra de Cristo. El Espíritu de Cristo mora dentro de nosotros cuando habitamos en Cristo, nuestro Adamante.

Y hablemos ahora de esta alma de fuego:

> *Respondió Juan, diciendo a todos: Yo a la verdad os bautizo en agua; pero viene uno más poderoso que yo, de quien no soy digno de desatar la correa de su calzado; él os bautizará en Espíritu Santo y fuego* (Lucas 3:16).

Hemos sido bautizados en el Espíritu Santo y con fuego santo. El bautismo de Juan fue un anuncio externo de lo que Jesús obraría en nuestro interior. Cuando nacimos de nuevo, nuestros corazones sin vida fueron avivados por el fogoso brillo de su amor eterno. Nuestro Dios de fuego santo consume la paja de sombras que debilitaba la expresión de su amor hacia nosotros y a través de nosotros. Su fuego nos abarca a todos.

Zacarías 2:5 dice: "*Yo seré para ella, dice Jehová, muro de fuego en derredor, y para gloria estaré en medio de ella*". The Message habla de este fuego como la radiante presencia de Dios en nuestro interior. Creo que este versículo habla tanto de Jerusalén como de Sion la iglesia. Como Dios es para Israel, así lo es para nosotros. Del mismo modo, estamos rodeados de la fogosa y protectora presencia de Dios. David habló de las huestes angelicales en Salmos 104:4 diciendo: "*El que hace a los vientos sus mensajeros, y a las flamas de fuego sus ministros*".

En Zacarías 13, el fuego es un instrumento de purificación:

> *Y meteré en el fuego a la tercera parte, y los fundiré como se funde la plata, y los probaré como se prueba el oro. El invocará mi nombre, y yo le oiré, y diré: Pueblo mío; y él dirá: Jehová es mi Dios* (v. 9).

En el fuego, nosotros clamamos y Él responde. Es ahí donde Él nos dice que somos suyos y nos damos cuenta de que el Señor es nuestra salvación personal.

En Génesis 15:17, nuestro padre de fe Abraham miraba mientras el horno humeante y la antorcha de fuego se movían entre las partes de su ofrenda. Nuestro Dios no nos pide ofrendas de becerros, cabras, carneros y aves partidas. Él pide que rindamos nuestro corazón al fuego de su santidad.

————————◇————————

Nunca ignores el don en tu vida.

Segunda de Timoteo 1:6 compara el don que Dios pone en nuestras vidas con una llama que hay que cuidar. Avívalo, amigo. Canta. Danza. Lee. Ora. Mantente en comunión. Da testimonio. Entra en un grupo de estudio. Encuentra un mentor. Descansa, haz una pausa y reflexiona. Pero nunca ignores el don en tu vida. Es más precioso que un diamante. Cuídalo con más esmero que un jardín. Haz tiempo para ello y no lo descuides.

La siguiente frase de la estrofa personalizada es: "Ningún peligro debería asustarle". Estamos protegidos por fuera y purificados por dentro. Posicionados de esta manera, ¿cómo podría algo asustarnos verdaderamente? Sí, podemos esperar sobresaltarnos y que nos sorprendan desprevenidos, pero si vivimos con esta consciencia, estar asustados y aterrados serán fases pasajeras, no un estilo de vida.

Y la última frase: "Porque la adversidad le eleva más alto". Para ilustrar esto, quiero compartir una historia que me contó una nueva amiga.

Si no lo sabías ya, deberías saberlo: me encanta el café… mucho. De hecho, es el expreso con lo que soy inflexible. Creo que su oscura seducción está entretejida muy dentro de la fibra de mis genes italianos. ¿Sabes que Dios puede usar algo que amas para darte un mensaje? E incluso si no eres aficionado al café en ninguna de sus seductoras formas, creo que esta historia de una cafetería es para ti.

Recientemente, estuve en el centro de la ciudad de Amarillo, Texas. Estaba hablando en una conferencia de mujeres y quedándome para las reuniones del fin de semana. Siempre que entro en un hotel, pregunto por la cafetería más cercana. Para mi deleite, supe que había una excepcional a una manzana de distancia… la laureada Palace Coffee Company.

Había llegado demasiado tarde el viernes por la noche como para participar, pero después de escuchar los fabulosos comentarios, puse mi alarma una hora antes de lo necesario para el sábado por la mañana. En cuanto sonó mi iPhone, me levanté de la cama, me lavé los dientes, me vestí con la ropa que había dejado lista, me puse mi chaqueta y me puse en camino hacia este lugar de ensueño.

Decir que estaba emocionada sería quedarme corta. El lugar tenía un ambiente tejano bonito un tanto hipster, algo que me encanta, al haber dado a luz a un hijo y heredado una nuera del estado de la Estrella Solitaria. Un vistazo al menú de bebidas y quedé perfectamente atolondrada.

Cuando llegó mi turno, me apoyé en el mostrador, puede que agarrara sus manos, y le dije a la camarera: "¿Cuáles son sus especialidades?".

"Tenemos un capuchino de micro espuma".

"Genial". No tenía ni idea de lo que era, así que seguí preguntando. "¿Qué más?".

"Tenemos mi favorito, que es un latte lavanda", me dijo ella.

"De acuerdo". Asentí, afirmando su preferencia. "¿Alguna otra cosa?", pregunté, intentando contener mi creciente emoción.

"Tenemos también un latte de higos y miel".

"¡Perfecto!", respondí, resistiendo un fuerte deseo de abrazarla. "Quiero los tres. Comencemos con el capuchino y después pasemos a los lattes, pero pagaré los tres a la vez".

Le di mi nombre, pagué, y pasé al final del mostrador.

Lo que ocurrió después me tomó por sorpresa. No sé si había estado de pie en mi punto ciego o si estaba tan concentrada pidiendo los cafés que no me di cuenta de su presencia. Escuché una voz masculina decir: "¿Es usted de aquí?".

Me giré y vi a un caballero con cabello y barba blancos, apuesto y con aspecto de erudito que se había dirigido a mí. "No, no soy de aquí. Solo me hablaron de este lugar", masculé. Intenté evitar la conversación antes de la cafeína.

"Yo me acabo de mudar aquí", me dijo él.

Ahora tenía mi micro espuma en la mano y avanzaba hacia la canela y el azúcar morena.

"¿De dónde es usted?", preguntó él.

"Soy de Colorado", respondí mientras removía mi bebida con expectación.

"¿Qué le trajo aquí?".

"Estoy hablando en una conferencia de mujeres a la que asisten unas dos mil mujeres". Entonces comencé a hablar con entusiasmo de cómo habían abierto el evento a la comunidad.

"¿Por qué no estamos cubriendo esto?".

Confundida por su sugerencia de cubrir, pregunté: "No sé. ¿Quién es usted?".

"Soy el nuevo editor jefe del periódico local. ¿Me acompañaría usted? Por favor, siéntese".

Hubo un momento de pánico. ¿Me iban a entrevistar antes de que la cafeína llegase a mi flujo sanguíneo? Respiré hondo. Había bondad en sus ojos, así que me senté. Yo daba sorbitos mientras él disparaba preguntas hacia mí.

"¿Qué tipo de conferencia es? ¿Dónde es la conferencia?".

Tuve la particular impresión de que estaba buscando algo en mis palabras.

Le expliqué que el tema de la conferencia estaba basado en uno de mis libros (*Se despierta la leona*) y que me habían invitado a ministrar. Le preguntamos a la camarera, la cual sabía cuál era la dirección de la iglesia.

"¿Leyó el artículo sobre la excavación de las catacumbas?".

Le aseguré que no.

Mi nuevo amigo me explicó que esa excavación de las catacumbas en Roma había revelado frescos ilustrando escenas de los primeros tiempos de la iglesia. Escuchaba mientras daba sorbitos a mi taza. Algunos de esos frescos reflejaban claramente a mujeres, incluyendo a Priscila, ministrando junto a los hombres.[2] Yo asentí, disfrutando de todo lo que me decía. Después, de repente, algo cambió. Se reclinó hacia atrás, me miró mientras yo disfrutaba de mi latte, y señaló: "¡Usted es una de esas mujeres!", declaró.

De algún modo, sus palabras golpearon directamente contra mi adormilado pecho y se hicieron eco en todo mi ser. De repente estaba totalmente despierta. No estoy segura de si él fue consciente del impacto que sus palabras provocaron en mí. Antes de darme cuenta de lo que estaba haciendo, estábamos intercambiando nuestras informaciones de contacto y me estaba reenviando el artículo.

Se disculpó: "Siento no poder estar ahí esta noche, pero enviaré a un reportero para cubrir su servicio, y estaré ahí por la mañana".

Recogí mi siguiente latte y me volví a sentar. Escuchaba mientras él compartía su trasfondo y detalles de su familia. Yo compartí un poquito sobre los míos, y enseguida llegó el momento de dirigirme de nuevo al hotel y prepararme para la conferencia. Mientras regresaba caminando, me preguntaba, *¿Qué acaba de ocurrir?*

Después supe que lo que él me dijo no era solo para mí. Dios quería que declarara eso a una generación de mujeres que habían estado enterradas en un laberinto de cámaras subterráneas de la vida.

Amiga, Dios está inmerso en un proceso de retirar las piedras que han impedido tu resurrección completa. Él está quitando los escombros y los restos, ¿y todas esas piezas rotas que pensabas que se habían desperdiciado o perdido? Levanta tu cabeza, querida, y mira; Él las ha usado para hacer un mosaico con tu vida. Has estado tan ocupada mirando hacia abajo para contemplar el desastre, que no has visto la pancarta que está ondeando sobre tu vida. "¡Tú eres una de esas mujeres!".

*¿A qué, pues, me haréis semejante o me compararéis? dice el Santo. Levantad en alto vuestros ojos, y mirad quién creó estas cosas; él saca y cuenta su ejército; a todas llama por sus nombres; **ninguna faltará; tal es la grandeza de su fuerza, y el poder de su dominio** (Isaías 40:25-26).*

◇

> Amiga, Dios está inmerso en un proceso de retirar las piedras que han impedido tu resurrección completa.

Nada perdido, nada malgastado, no falta ni una pieza. Enterrada bajo muchas capas de polvo, tierra y piedras rotas se encuentra otra página de nuestra historia.

Cuando leí el artículo por mí misma, vi un mosaico de una mujer con túnica y sus brazos abiertos bendiciendo y dando la bienvenida.

Olvídate por un momento de los sepultureros. Desecha todos los recuerdos de todos aquellos que amontonaron tierra, escombros y restos en un intento de enterrarte viva. Aléjate de ellos y pregunta: "¿Qué quería el enemigo enterrar en tu vida?".

Quizá la semilla tenga forma de una esperanza, un sueño, una oración, una promesa o incluso lágrimas. La semilla puede estar fuera de tu vista, pero no pienses ni por un instante que está fuera de la mente de Dios.

Lo que sembramos no cobra vida a menos que muera (ver 1 Corintios 15:36). Las dificultades sirven como nuestra preparación.

De muchas formas y en muchos lugares, la historia de las hijas de Dios ha sido enterrada, así como en muchas formas la historia de la hermosa esposa de Cristo ha sido enlodada. Aun así recuerda, querida, que todo lo que ha estado escondido un día será revelado. Así como con la excavación de las catacumbas, la historia de la novia está volviendo de nuevo a salir a la luz.

Nosotras somos esas mujeres.

Somos su novia.

Sus diamantes.

Su valioso tesoro.

Él es nuestro Adamante, nuestra Ancla, nuestra Verdad.

Él es la Roca que nos sigue en cada paso por nuestros desiertos.

Alza tu vida y honra la Piedra de la que fuiste tallada. Vive asombrada con la inamovible, invencible, impermeable, inflexible Piedra Angular que anhela asombrarte con su amorosa fidelidad. Sé sincera con Él en este universo de opiniones, porque estás marcada para la eternidad.

APÉNDICE 1

VERSÍCULOS ADICIONALES PARA EL CAPÍTULO 6

No te harás imagen, ni ninguna semejanza de lo que esté arriba en el cielo, ni abajo en la tierra, ni en las aguas debajo de la tierra. No te inclinarás a ellas, ni las honrarás; porque yo soy Jehová tu Dios, fuerte, celoso, que visito la maldad de los padres sobre los hijos hasta la tercera y cuarta generación de los que me aborrecen, y hago misericordia a millares, a los que me aman y guardan mis mandamientos (Éxodo 20:4-6).

Y si desdeñareis mis decretos, y vuestra alma menospreciare mis estatutos, no ejecutando todos mis mandamientos, e invalidando mi pacto, yo también haré con vosotros esto: enviaré sobre vosotros terror, extenuación y calentura, que consuman los ojos y atormenten el alma; y sembraréis en vano vuestra semilla, porque vuestros enemigos la comerán. Pondré mi rostro contra vosotros, y seréis heridos delante de vuestros enemigos; y los que os aborrecen se enseñorearán de vosotros, y huiréis sin que haya quien os persiga (Levítico 26:15-17).

Y le salió al encuentro el vidente Jehú hijo de Hanani, y dijo al rey Josafat: ¿Al impío das ayuda, y amas a los que aborrecen a Jehová? Pues ha salido de la presencia de Jehová ira contra ti por esto. Pero se han hallado en ti buenas cosas, por cuanto has quitado de la tierra las imágenes de Asera, y has dispuesto tu corazón para buscar a Dios (2 Crónicas 19:2-3).

Porque tú no eres un Dios que se complace en la maldad;
El malo no habitará junto a ti.
Los insensatos no estarán delante de tus ojos;
Aborreces a todos los que hacen iniquidad.
Destruirás a los que hablan mentira;
Al hombre sanguinario y engañador abominará Jehová.
Mas yo por la abundancia de tu misericordia entraré en tu casa;
Adoraré hacia tu santo templo en tu temor (Salmos 5:4-7).

Grande es su gloria en tu salvación;
Honra y majestad has puesto sobre él.
Porque lo has bendecido para siempre;
Lo llenaste de alegría con tu presencia.
Por cuanto el rey confía en Jehová,
Y en la misericordia del Altísimo, no será conmovido.
Alcanzará tu mano a todos tus enemigos;
Tu diestra alcanzará a los que te aborrecen (Salmos 21:5-8).

Los que amáis a Jehová, aborreced el mal;
El guarda las almas de sus santos;
De mano de los impíos los libra.
Luz está sembrada para el justo,
Y alegría para los rectos de corazón.
Alegraos, justos, en Jehová,
Y alabad la memoria de su santidad (Salmos 97:10-12).

De todo mal camino contuve mis pies,
Para guardar tu palabra.
No me aparté de tus juicios,
Porque tú me enseñaste.
¡Cuán dulces son a mi paladar tus palabras!
Más que la miel a mi boca.
De tus mandamientos he adquirido inteligencia;
Por tanto, he aborrecido todo camino de mentira
(Salmos 119:101-104).

Por eso he amado tus mandamientos
Más que el oro, y más que oro muy puro.
Por eso estimé rectos todos tus mandamientos sobre todas las cosas,
Y aborrecí todo camino de mentira (Salmos 119:127-128).

Me regocijo en tu palabra
Como el que halla muchos despojos.
La mentira aborrezco y abomino;
Tu ley amo (Salmos 119:162-163).

Porque blasfemias dicen ellos contra ti;
Tus enemigos toman en vano tu nombre.
¿No odio, oh Jehová, a los que te aborrecen,
Y me enardezco contra tus enemigos?
Los aborrezco por completo;
Los tengo por enemigos (Salmos 139:20-22).

La justicia guarda al de perfecto camino;
Mas la impiedad trastornará al pecador (Proverbios 13:6).

El que no es conmigo, contra mí es; y el que conmigo no recoge, desparrama (Mateo 12:30).

Pero a vosotros los que oís, os digo: Amad a vuestros enemigos, haced bien a los que os aborrecen (Lucas 6:27).

Grandes multitudes iban con él; y volviéndose, les dijo: Si alguno viene a mí, y no aborrece a su padre, y madre, y mujer, e hijos, y hermanos, y hermanas, y aun también su propia vida, no puede ser mi discípulo (Lucas 14:25-26).

Así, pues, cualquiera de vosotros que no renuncia a todo lo que posee, no puede ser mi discípulo (Lucas 14:33).

Y oían también todas estas cosas los fariseos, que eran avaros, y se burlaban de él. Entonces les dijo: Vosotros sois los que os justificáis a vosotros mismos delante de los hombres; mas Dios conoce vuestros corazones; porque lo que los hombres tienen por sublime, delante de

Dios es abominación. La ley y los profetas eran hasta Juan; desde entonces el reino de Dios es anunciado, y todos se esfuerzan por entrar en él. Pero más fácil es que pasen el cielo y la tierra, que se frustre una tilde de la ley (Lucas 16:14-17).

Entonces Jesús les dijo: Mi tiempo aún no ha llegado, mas vuestro tiempo siempre está presto. No puede el mundo aborreceros a vosotros; mas a mí me aborrece, porque yo testifico de él, que sus obras son malas (Juan 7:6-7).

APÉNDICE 2

LECCIONES DE PROVERBIOS Y ECLESIASTÉS

Ser enseñable y no balbucear.

El sabio de corazón recibirá los mandamientos;
Mas el necio de labios caerá (Proverbios 10:8).

Las palabras pueden refrescar y restaurar la vida u ocultar lo que la quita.

Manantial de vida es la boca del justo;
Pero violencia cubrirá la boca de los impíos (Proverbios 10:11).

Abre tu boca por el mudo
En el juicio de todos los desvalidos (Proverbios 31:8).

Abre tu boca, juzga con justicia,
Y defiende la causa del pobre y del menesteroso (Proverbios 31:9).

Abre su boca con sabiduría,
Y la ley de clemencia está en su lengua (Proverbios 31:26).

El odio remueve la olla, y el amor le pone la tapa.

El odio despierta rencillas;
Pero el amor cubrirá todas las faltas (Proverbios 10:12).

Los hombres escarnecedores ponen la ciudad en llamas;
Mas los sabios apartan la ira (Proverbios 29:8).

Hay generación cuyos dientes son espadas, y sus muelas cuchillos,
Para devorar a los pobres de la tierra, y a los menesterosos de entre
los hombres (Proverbios 30:14).

La boca del necio le crea problemas.

En los labios del prudente se halla sabiduría;
Mas la vara es para las espaldas del falto de cordura (Proverbios
10:13).

Los sabios guardan la sabiduría;
Mas la boca del necio es calamidad cercana (Proverbios 10:14).

El que encubre el odio es de labios mentirosos;
Y el que propaga calumnia es necio (Proverbios 10:18).

Las palabras de la boca del sabio son llenas de gracia, mas los labios
del necio causan su propia ruina (Eclesiastés 10:12).

El principio de las palabras de su boca es necedad; y el fin de su
charla, nocivo desvarío (Eclesiastés 10:13).

El necio multiplica palabras, aunque no sabe nadie lo que ha de ser;
¿y quién le hará saber lo que después de él será?
(Eclesiastés 10:14)

No dejes que te alcance.

El necio al punto da a conocer su ira;
Mas el que no hace caso de la injuria es prudente (Proverbios
12:16).

El que habla verdad declara justicia;
Mas el testigo mentiroso, engaño (Proverbios 12:17).

Hay hombres cuyas palabras son como golpes de espada;
Mas la lengua de los sabios es medicina (Proverbios 12:18).

La verdad siempre sobrevivirá a la mentira.

Hay hombres cuyas palabras son como golpes de espada;
Mas la lengua de los sabios es medicina (Proverbios 12:18).

El labio veraz permanecerá para siempre;
Mas la lengua mentirosa sólo por un momento
(Proverbios 12:19).

El mal mensajero acarrea desgracia;
Mas el mensajero fiel acarrea salud (Proverbios 13:17).

El simple todo lo cree;
Mas el avisado mira bien sus pasos.
El sabio teme y se aparta del mal;
Mas el insensato se muestra insolente y confiado.
El que fácilmente se enoja hará locuras;
Y el hombre perverso será aborrecido (Proverbios 14:15-17).

La blanda respuesta quita la ira;
Mas la palabra áspera hace subir el furor (Proverbios 15:1).

La lengua de los sabios adornará la sabiduría;
Mas la boca de los necios hablará sandeces (Proverbios 15:2).

La lengua apacible es árbol de vida;
Mas la perversidad de ella es quebrantamiento de espíritu
(Proverbios 15:4).

No conviene al necio la altilocuencia;
¡Cuánto menos al príncipe el labio mentiroso! (Proverbios 17:7)

El que cubre la falta busca amistad;
Mas el que la divulga, aparta al amigo (Proverbios 17:9).

Aun el necio, cuando calla, es contado por sabio;
El que cierra sus labios es entendido (Proverbios 17:28).

No toma placer el necio en la inteligencia,
Sino en que su corazón se descubra (Proverbios 18:2).

Aguas profundas son las palabras de la boca del hombre;
Y arroyo que rebosa, la fuente de la sabiduría (Proverbios 18:4).

Los labios del necio traen contienda;
Y su boca los azotes llama (Proverbios 18:6).

La boca del necio es quebrantamiento para sí,
Y sus labios son lazos para su alma (Proverbios 18:7).

Las palabras del chismoso son como bocados suaves,
Y penetran hasta las entrañas (Proverbios 18:8).

Al que responde palabra antes de oír,
Le es fatuidad y oprobio (Proverbios 18:13).

Honra es del hombre dejar la contienda;
Mas todo insensato se envolverá en ella (Proverbios 20:3).

El que anda en chismes descubre el secreto;
No te entremetas, pues, con el suelto de lengua (Proverbios 20:19).

Al que maldice a su padre o a su madre,
Se le apagará su lámpara en oscuridad tenebrosa
(Proverbios 20:20).

No digas: Yo me vengaré;
Espera a Jehová, y él te salvará (Proverbios 20:22).

El que guarda su boca y su lengua,
Su alma guarda de angustias (Proverbios 21:23).

Echa fuera al escarnecedor, y saldrá la contienda,
Y cesará el pleito y la afrenta (Proverbios 22:10).

No digas: Como me hizo, así le haré;
Daré el pago al hombre según su obra (Proverbios 24:29).

Conoce a tu audiencia.

No hables a oídos del necio,
Porque menospreciará la prudencia de tus razones
(Proverbios 23:9).

Los necios no son dignos de tu tiempo y atención.

Nunca respondas al necio de acuerdo con su necedad,
Para que no seas tú también como él.
Responde al necio como merece su necedad,
Para que no se estime sabio en su propia opinión
(Proverbios 26:4-5).

Si el hombre sabio contendiere con el necio,
Que se enoje o que se ría, no tendrá reposo (Proverbios 29:9).

Si una situación no te incumbe, no participes.

El que pasando se deja llevar de la ira en pleito ajeno
Es como el que toma al perro por las orejas (Proverbios 26:17).

El chisme te quemará y te dará indigestión.

Sin leña se apaga el fuego,
Y donde no hay chismoso, cesa la contienda.
El carbón para brasas, y la leña para el fuego;
Y el hombre rencilloso para encender contienda. Las palabras del
chismoso son como bocados suaves,
Y penetran hasta las entrañas.
Como escoria de plata echada sobre el tiesto
Son los labios lisonjeros y el corazón malo (Proverbios 26:20-23).

La lengua falsa atormenta al que ha lastimado,
Y la boca lisonjera hace resbalar (Proverbios 26:28).

No alardees.

Alábete el extraño, y no tu propia boca;
El ajeno, y no los labios tuyos (Proverbios 27:2).

El crisol prueba la plata, y la hornaza el oro,
Y al hombre la boca del que lo alaba (Proverbios 27:21).

El necio da rienda suelta a toda su ira,
Mas el sabio al fin la sosiega (Proverbios 29:11).

Si neciamente has procurado enaltecerte,
O si has pensado hacer mal,
Pon el dedo sobre tu boca (Proverbios 30:32).

NOTAS

Capítulo 1 El adamante

1. N. T. Wright, *Matthew for Everyone, Part 2: Chapters 16–28* (London: Society for Promoting Christian Knowledge, 2004), p. 80.

2. Anthony C. Thiselton, *The First Epistle to the Corinthians: A Commentary on the Greek Text*, New International Greek Testament Commentary (Grand Rapids: Eerdmans, 2000).

3. Matthew G. Easton, *Easton's Bible Dictionary*, p. 1893.

4. John Muir, *My First Summer in the Sierra* (New York: Houghton Mifflin, 1911), p. 20.

Capítulo 2 Inamoviblemente íntimo

1. Talmud babilonio, Chagigah 15.1: Y el Espíritu de Dios se movía [merachefet: de la raíz hebrea "rachaf" (en femenino)] sobre la superficie del agua, como una paloma cubre a sus polluelos sin tocarlos.

2. C. S. Lewis, *Prince Caspian* (New York: HarperCollins 1951), p. 233.

Capítulo 4 Inamovible en amor

1. 2 Corintios, The Passion Translation (Racine, WI: BroadStreet Publishing, 2017).

2. Composición/Título de la canción: Reckless Love. Escrita por Cory Asbury, Caleb Culver, y Ran Jackson © 2017 Bethel Music Publishing (ASCAP) / Watershed Publishing Group (ASCAP) (adm.

by Watershed Music Group) / Richmond Park Publishing (BMI). Todos los derechos reservados. Usada con permiso.

Capítulo 5 El adamante que amamos

1. C. S. Lewis, *Mere Christianity* (New York: HarperCollins, 1952), p. 132.

Capítulo 6 Inamovible en odio

1. Lewis, *Mere Christianity*, p. 112.

2. Gene Veith, "Sex as Sacrament, Abortion as Religious Ritual", Cranach: The Blog of Veith, 24 de junio de 2016, http://www.patheos.com/blogs/geneveith/2016/06/sex-as-sacrament-abortion-as-religious-ritual/.

3. Charles H. Spurgeon, *The Complete Works of C. H. Spurgeon, Vol. 44: Sermons 2459–2602* (Delmarva Publications, 2013).

4. "Study Finds That 1 Out of 3 Women Watch Porn at Least Once a Week", *New York Times*, 22 de octubre de 2015.

5. 5. Alexis Kleinman, "Porn Sites Get More Visitors Each Month Than Netflix, Amazon, and Twitter Combined", Huffington Post, 3 de mayo de 2013, http://www.huffingtonpost.com/2013/05/03/internet-porn-stats_n_3187682.html.

6. "How Many People Are Watching Porn Right Now? (Hint: It's A Lot.)", Fight the New Drug, 11 de septiembre de 2017, http://fightthenewdrug.org/by-the-numbers-see-how-many-people-are-watching-porn-today/.

7. Charles H. Spurgeon, *The Complete Works of C. H. Spurgeon, Vol. 60: Sermons 3387–3349* (Delmarva Publications, 2013).

8. https://www.leadershipresources.org/blog/the-best-charles-spurgeon-quotes/.

9. "Charles H. Spurgeon on Discernment" *Apologetics* 315, www.apologetics315.com, 3 de febrero de 2013.

Capítulo 8 Inamovible en las palabras

1. Shaena Montanari, "Plastic Garbage Patch Bigger than Mexico Found in Pacific", *National Geographic*, 25 de julio de 2017, http://news.nationalgeographic.com/2017/07/ocean-plastic-patch-south-pacific-spd.

2. Leonardo da Vinci, *Notebooks* (Oxford: Oxford University Press, 1952), p. 23.

Capítulo 9 Transformación inamovible

1. Preston Sprinkle, *People to Be Loved* (Grand Rapids: Zondervan, 2015), p. 88.

2. C. S. Lewis, *Surprised by Joy: The Shape of My Early Life* (Orlando: Harcourt Brace & Company, 1955), p. 221.

3. Tom Carter, compiler. *Spurgeon at His Best: Over 2200 Striking Quotations from the World's Most Exhaustive and Widely Read Sermon Series* (Grand Rapids: Baker Books, 1988), p. 160.

Capítulo 10 Inamovible en santidad

1. Sinclair Ferguson, *A Heart for God* (Carlisle, PA: Banner of Truth, 1987), p. 82.

2. N. T. Wright, *Paul for Everyone: Galatians and Thessalonians* (London: Society for Promoting Christian Knowledge, 2004), pp. 117–18.

3. Carter, compiler. *Spurgeon at His Best*, p. 100.

4. Kevin M. Watson, "Forgiveness and (Not Or) Holiness", *Vital Piety* (blog), 26 de agosto de 2013, https://vitalpiety.com/2013/08/26/forgiveness-and-not-or-holiness/.

5. N. T. Wright, *Paul for Everyone: The Prison Letters: Ephesians, Philippians, Colossians, and Philemon* (London: Society for Promoting Christian Knowledge, 2004), p. 53.

6. Wright, *Paul for Everyone: Galatians and Thessalonians*, pp. 118–19.

Capítulo 11 Soy inamovible

1. Charles H. Spurgeon, *Treasury of David Vol. 3* (New York: Funk & Wagnalls, 1886), p. 278.

2. Ellie Zolfagharifard, "Vatican Unveils Frescoes Hinting That Women Held Power in the Early Church", *Daily Mail*, 20 de noviembre de 2013.

ACERCA DE LA AUTORA

Lisa Bevere ha pasado cerca de tres décadas empoderando a mujeres de todas las edades para ayudarlas a encontrar su identidad y propósito. Es autora de éxitos de ventas del *New York Times* y una oradora internacionalmente reconocida. Sus libros anteriores, que incluyen *Fight Like a Girl*, *Se despierta la leona*, *Mujeres con espadas* y *Sin rival*, están en manos de millones en todo el mundo. Lisa y su esposo, John, son los fundadores de Messenger International, una organización comprometida con el desarrollo de seguidores de Cristo inflexibles que transformen su mundo.